Maçonaria e a Espiritualiade

RITO ESCOCÊS ANTIGO E ACEITO

Álvaro de Queiroz

Maçonaria e a
Espiritualiade

RITO ESCOCÊS ANTIGO E ACEITO

© 2019, Madras Editora Ltda.

Editor:
Wagner Veneziani Costa

Produção e Capa:
Equipe Técnica Madras

Revisão:
Maria Cristina Scomparini
Silvia Massimini Felix
Arlete Genari

**Dados Internacionais de Catalogação na Publicação
(CIP)(Câmara Brasileira do Livro, SP, Brasil)**

Queiroz, Álvaro de Maçonaria e a espiritualidade: rito escocês antigo e aceito/Álvaro de Queiroz. – São Paulo: Madras, 2019.
Bibliografia.

ISBN 978-85-370-1201-7

1. Espiritualidade 2. Maçonaria 3. Maçonaria – Rituais 4. Maçonaria – Simbolismo I. Título.

19-26831   CDD-366.12

Índices para catálogo sistemático:
1. Maçonaria: Rito Escocês Antigo e Aceito: Sociedades secretas   366.12
Cibele Maria Dias – Bibliotecária – CRB-8/9427

É proibida a reprodução total ou parcial desta obra, de qualquer forma ou por qualquer meio eletrônico, mecânico, inclusive por meio de processos xerográficos, incluindo ainda o uso da internet, sem a permissão expressa da Madras Editora, na pessoa de seu editor (Lei nº 9.610, de 19/2/1998).

Todos os direitos desta edição reservados pela

MADRAS EDITORA LTDA.
Rua Paulo Gonçalves, 88 – Santana
CEP: 02403-020 – São Paulo/SP
Caixa Postal: 12183 – CEP: 02013-970
Tel.: (11) 2281-5555 – Fax: (11) 2959-3090
www.madras.com.br

ATÉ BREVE, MEU IRMÃO WAGNER!

Este livro estava sendo encaminhado para a gráfica quando tivemos a partida para o Oriente Eterno de nosso irmão Wagner Veneziani Costa, presidente e editor-geral da Madras Editora. Particularmente devo a ele a oportunidade de lançar meu primeiro livro, assim como os incentivos para escrever os posteriores.

Decifrar uma mente privilegiada como a do Wagner não é uma tarefa fácil; temos de absorver os sentimentos que os gênios construtores carregam em seus pensamentos. Não conheci nem conheço alguém com os conhecimentos holísticos que nosso Irmão possuía, o que fez com que ele pudesse elaborar uma obra maravilhosa como a Madras Editora.

Desfrutar de sua amizade foi um privilégio que me lançou numa jornada em busca de conhecimentos necessários ao desenvolvimento espiritual.

Agradeço aos momentos que passamos juntos, as divergências necessárias, as concordâncias felizes e a amizade sincera.

Acredito que você já está participando ou construindo algo de importante no plano em que se encontra. Espero poder participar assim que chegar minha hora de partir. Como o tempo é um fator relativo, até breve, meu querido Irmão.

Álvaro de Queiroz

MAILY

Você teve de partir,
Eu tive de ficar.
Não posso reclamar a ausência,
Pois sinto a presença.
Ainda não posso ir,
nossos filhos e netos precisam de mim.
Assim que puder vou ao seu encontro
e poderemos voltar a desfrutar nossa felicidade
por toda a eternidade.

Índice

O Início da Evolução 9
A Força da Criação... 13
A Formação do Pensamento Religioso 17
Do Exoterismo ao Esoterismo 23
A Renovação Periódica do Mundo 27
O Início da Religiosidade 29
A Transformação... 35
A Câmara de Reflexões 47
Os Quatro Elementos 51
As Viagens Iniciáticas.. 57
O Juramento Maçônico 65
A Verdadeira Luz 69
O Reconhecimento... 75
O Início do Mundo 77
A Astrologia 83
O Antigo Egito.. 93
A Religião Egípcia 113
A Espiritualidade Egípcia.. 119
A Casa da Eternidade... 123
A Viagem para o Mais a Lá 127
A Espiritualidade em Pedra 133
A Casa de Deus... 145
Os Templários... 153

Os Templários em Portugal 159
As Grandes Catedrais 165
A Origem da Maçonaria 177
O Princípio Criador 185
Os Conceitos de Espiritualidade 189
A Base da Espiritualidade Maçônica 191
Considerações Finais 195
Bibliografia 197

O Início da Evolução

O início do processo evolutivo do homem no planeta Terra foi muito lento, em razão da falta de conhecimento dos ancestrais do ser humano.

Naquela época, as principais preocupações talvez fossem se alimentar e se proteger.

Com o tempo, o poder da observação conseguiu se infiltrar na mente e surgiram as primeiras descobertas.

A postura ereta pode ter sido responsável pelo avanço, pois conseguiu que o homem tivesse uma nova visão do mundo ao seu redor.

A possibilidade da postura vertical fez com que o ser humano primitivo superasse a condição de primata. Graças a ela, o espaço passou a ser organizado em quatro direções horizontais projetadas a partir de um eixo central. Dessa maneira, o espaço ao redor do corpo humano podia ser visto à frente, atrás, à direita, à esquerda, acima e abaixo. A partir desse momento, eles começaram a visualizar o mundo com mais atenção. Essa experiência do espaço orientado persiste na atualidade.

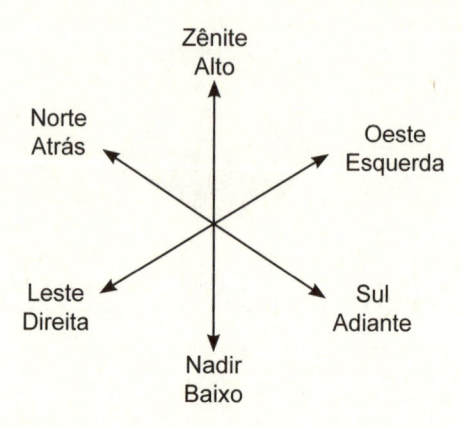

```
        Zênite
         Alto
          ▲
Norte     │      Oeste
Atrás ◄───┼───► Esquerda
          │
Leste ◄───┼───► Sul
Direita   │     Adiante
          ▼
        Nadir
        Baixo
```

Embora ainda não existissem religiões, algo diferente e desconhecido pairava sobre tudo ao redor.

O céu, a terra, as plantas, as águas e os animais possuíam algo que, mesmo desconhecido, parece que fazia parte de seus próprios corpos, que vivia em suas almas.

Essa força não visível, mas que podia ser sentida, que vivia, era a espiritualidade.

O Criador fez com que a espiritualidade estivesse presente, pois tudo que existia possuía o Espírito Divino.

Mesmo antes da criação, o Espírito Divino estava presente, como podemos ver na Bíblia, em Gênesis 1,2:

"A terra porém era sem forma e vazia: havia trevas sobre a face do abismo e o Espírito de Deus pairava por sobre as àguas".

Dessa maneira, a espiritualidade antecedeu o pensamento religioso, que só pode fecundar onde a espiritualidade está presente.

Não é possível implantar pensamentos religiosos sem a existência da ideia transcendental que permite a mente entender o que não pode ser visto. Na realidade é difícil imaginar de que maneira o espírito humano poderia aceitar que existisse no mundo algo tão poderoso.

Porém, a consciência de um mundo real com aspectos muito significativos aproxima-se da descoberta do sagrado.

O Início da Evolução

Por meio da experiência do sagrado, o espírito humano captou a diferença entre o que é real e significativo e o que é desprovido de qualidades ou vazio, sem sentido.

O sagrado passou a ser um elemento na estrutura da consciência e não uma fase na vida da consciência.

O ser primitivo passou a admirar e tentar entender o que não foi explicado verbalmente, mas se encontrava presente em seus pensamentos e sonhos.

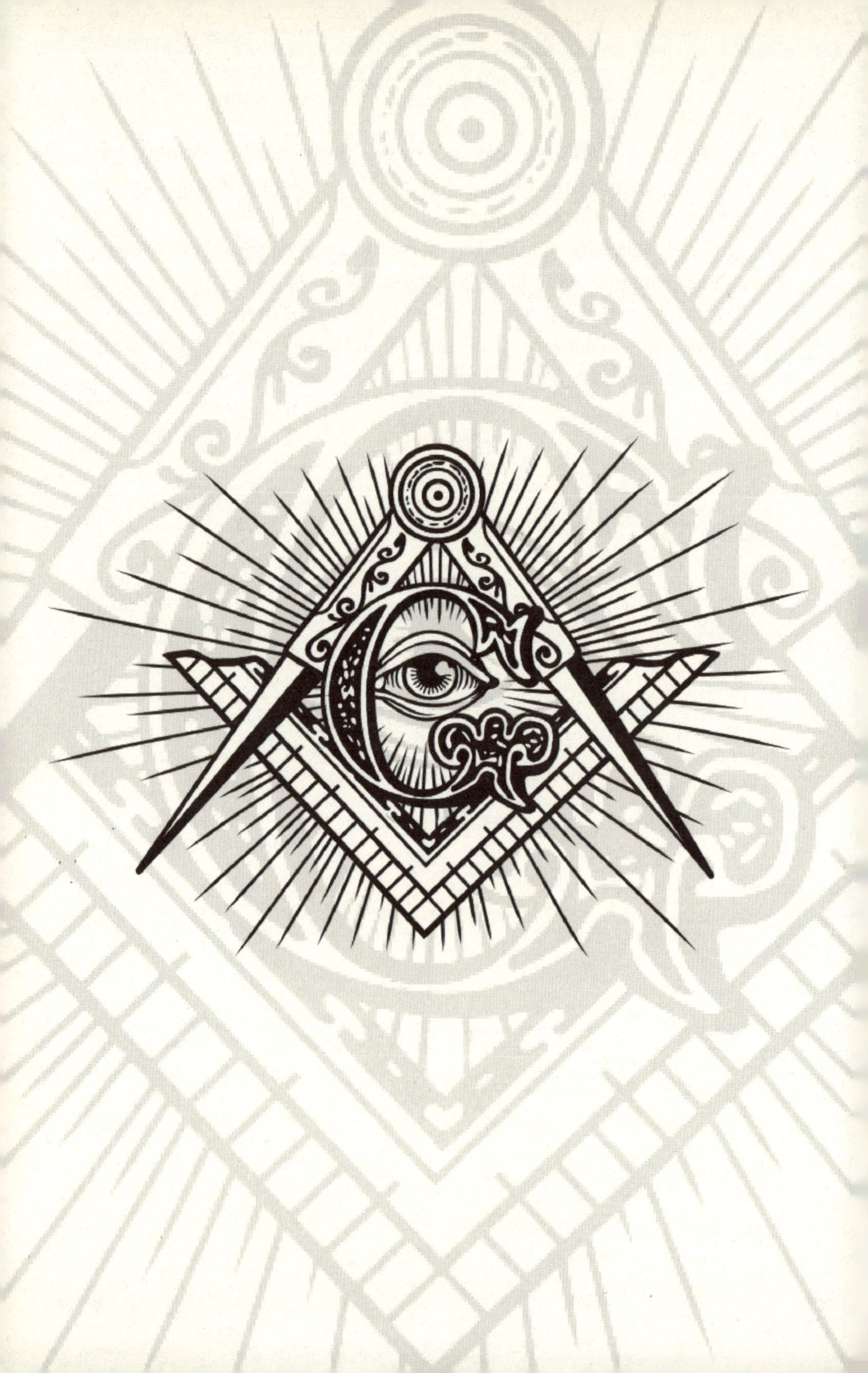

A Força da Criação

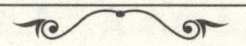

A causa principal da criação, que na verdade é a causa de todas as manifestações, são os princípios polarizados aos quais todas as cosmogêneses se referem, ou seja: masculino e feminino, positivo e negativo, espírito e matéria, luz e trevas, etc.

Na Maçonaria, os princípios polarizados são representados pelo Pavimento de Mosaico localizado no centro do Templo e formado por quadrados brancos e pretos, como um tabuleiro de xadrez.

Muitos consideram que o Pavimento de Mosaico representa a polaridade positiva e negativa da natureza, na qual os dois polos podem significar o bem e o mal.

Porém, devemos considerar que a polaridade é a relação entre dois princípios antagônicos que se complementam formando uma unidade, o que é diferente do dualismo, em que os princípios não podem ser unificados.

Dessa forma, a união de elementos opostos em um todo ordenado pode representar a harmonia ou princípio da ordem universal que se relaciona com o equilíbrio entre o corpo e a alma ou entre o material e o espiritual, entre a Terra e o Universo.

Na Maçonaria, o Pavimento de Mosaico simboliza também a união dos maçons espalhados pelo mundo, diferentes com relação a raças, crenças religiosas e opiniões políticas, mas ligados pelo ideal representado pela Fraternidade.

A Terra teve como seus progenitores os aspectos polarizados evoluídos sobre a influência do Sol e da Lua.

Nos Templos Maçônicos, a representação gráfica desse fato se encontra na simbologia do Sol, da Lua e do Olho da Providência (O Que tudo Vê) localizada na parede atrás do Trono do Venerável Mestre.

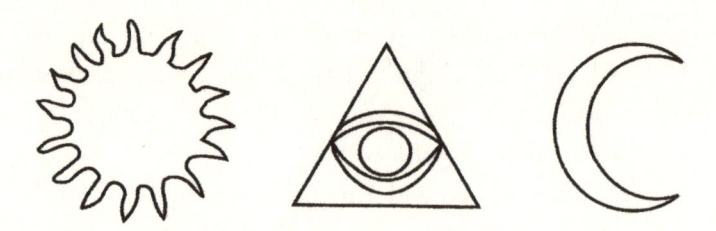

Hermes Trismegisto, nome grego do deus Toth do antigo Egito, nos diz: "O homem é um ser divino. Não pode ser medido por entidade alguma da Terra senão pelos deuses do Céu.

O pai de tudo é o Sol; a mãe, a Lua; e o vento, o alento universal. Seu alento alimenta e é a causa de toda a perfeição sobre a Terra. Seu poder é enorme se soubermos aproveitá-lo e realizá-lo. O espaço o levou em seu ventre. A Terra é sua matriz".

Em uma síntese absoluta, de certa maneira o Sol e a Lua são os pais da humanidade. A Terra é a matriz onde as forças cósmicas se manifestam criando o ser humano e todas as formas existentes.

O Princípio Vital deu vida ao corpo do ser primitivo. Esse princípio emanado do Sol é onde podem ser encontradas as energias físicas conhecidas e compatíveis entre si, como a eletricidade, o magnetismo, a luz, o calor e o som. É o que se considera como alento ou sopro da vida, ou seja, o Pai.

A Lua, com seu poder misterioso, exerce uma influência marcante sobre a gestação ou geração da vida, sendo conhecida como Mãe. Ela, com suas conjunções, regula na Terra as concepções, assim como os ciclos criativos.

Por trás dos véus e símbolos cósmicos se encontram os mistérios da gênese humana que envolvem, além do Sol e da Lua, o próprio Universo.

A força primária que criou a vida na Terra se encontra em diversos estados, em todos os planos cósmicos, pois é a causa de tudo. Como princípio gerador de todas as cosmogêneses, é quem ativa todas as substâncias cósmicas inertes.

Esse poder atua na matéria primitiva como o primeiro movimento, criando o Universo visível e o invisível. Esse conceito relacionado à criação originou a simbologia do Ovo Cósmico, chave das mitologias relativas ao começo da vida.

A lei da evolução, no ocultismo e nos meios iniciáticos, é conhecida como "A involução para poder evoluir". Ela se relaciona com o homem que necessita sofrer para aprender e evoluir por seus próprios méritos. Como nascemos com os princípios divinos aprisionados pelas formas inferiores da dor, da emoção e do prazer, que possamos por meio do raciocínio mental ou força da razão alcançar o estado de consciência em todos os planos da vida desde a criação.

A evolução deve caminhar entre o espírito e a matéria, buscando o equilíbrio divino.

A Formação do Pensamento Religioso

Uma possibilidade decisiva no desenvolvimento humano foi o uso de ferramentas.

Além de possuir as mãos, duas ferramentas fantásticas em comparação às dos primatas, o homem conseguiu fabricar ferramentas de uso complexo que guardava por perto para poder utilizar quando necessário.

Algumas pedras encontradas foram trabalhadas para as funções de corte, necessárias principalmente na extração das peles dos animais para a proteção do corpo.

Com a domesticação do fogo, surgiu uma grande possibilidade na alimentação e no conforto das noites frias.

Cabe lembrar que o homem teve uma decisão muito importante de matar para poder viver.

A perseguição e o sacrifício da caça criou uma solidariedade mística entre o caçador e suas vítimas, pois o sangue derramado é semelhante ao sangue humano. Abater o animal caçado e, no futuro, o domesticado equivale a um sacrifício.

Determinar o surgimento e o conteúdo de uma religião na época primitiva é praticamente impossível, a não ser que surjam novas descobertas arqueológicas.

Existem vários vestígios em ossadas humanas, ferramentas de pedra, pigmentos em ocre vermelho e vários outros objetos encontrados em sepulturas.

Fica difícil não aceitar que várias ferramentas não possuam uma certa sacralidade e até tenham inspirado episódios mitológicos. O valor mágico-religioso de uma arma sobrevive atualmente em populações primitivas.

Talvez o domínio da distância conquistado graças às arma-projéteis possa ter originado inúmeras crenças, mitos e lendas. As lanças em direção à abóbada celeste ou as flechas que voam entre as nuvens podem despertar a imaginação religiosa.

Os caçadores primitivos consideravam os animais semelhantes aos homens. Eles acreditavam que o homem podia se transformar em animal, e vice-versa.

Encontramos certo comportamento religioso nos grupos de caçadores em que a morte do animal constitui um ritual onde o Senhor das Feras cuida para que o caçador mate apenas o que necessita para se alimentar. Os ossos, principalmente o crânio, possuem um valor ritualístico por se acreditar que contenham a vida.

Dessa forma, os ossos são expostos em galhos altos onde o Senhor das Feras fará crescer uma nova carne.

A crença em uma vida *post mortem* com a utilização da ocra vermelha, símbolo da vida, assim como enterros orientados para leste, ou seja, no curso do Sol, sinalizam a esperança do renascimento ou pós-existência em outro mundo.

Também encontramos pinturas em grutas, muito longe da entrada. Como essas cavernas eram inabitadas, muitos estudiosos acreditam que elas foram uma espécie de santuário.

As figuras de ursos, leões e outros animais selvagens crivados de flechas são interpretadas pelos estudiosos como um rito de passagem para os adolescentes.

Por outro lado, parece plausível afirmar que vários mitos tinham origem familiar, como mitos de origem do homem, da caça, da morte, etc.

Outros mitos se referem às águas primordiais e ao criador com a forma de um animal aquático que desce ao fundo do oceano para trazer a matéria necessária à criação do mundo, assim como ritos relacionados com a ascensão ao Céu por meio de um voo mágico.

Outros mitos importantes são os símbolos do arco-íris e as pontes representando ligações com outro mundo, assim como o centro do mundo interpretado como montanhas cósmicas ou umbigos da Terra.

A agricultura representou uma longa evolução durante o período mesolítico, mas existiram outras descobertas importantes, como o arco e a confecção de cordas, redes, anzóis e embarcações, roupas e a cerâmica.

O desenvolvimento da agricultura e a criação de animais domésticos fizeram com que os seres se fixassem em pequenos grupamentos próximos às águas, de onde também podiam tirar parte de seu sustento.

Não havia casas individuais para uma só família, os abrigos eram coletivos. As experiências, o conhecimento e tudo que era produzido eram divididos entre todos.

A revolução neolítica proveniente da agricultura foi obra das mulheres, assim como a domesticação de pequenos animais, a fabricação de cerâmica, a fiação, a tecelagem e a medicina caseira.

No início da comunidade primitiva, a mulher ocupava uma posição de igualdade e até de superioridade em relação aos homens.

A linha de parentesco era dada pela mãe, estabelecendo o direito materno (matriarcado). Quando surgiram as propriedades privadas dos rebanhos e da terra, o direito materno desapareceu e a linha de descendência passou a ser do pai, com o intuito de garantir o direito dos filhos à herança (patriarcado).

Existem vestígios de que os caçadores que se recusavam a participar da economia agrícola tenham sido empregados como defensores das aldeias contra animais selvagens que atacavam as pessoas. Também existiam grupos de nômades que não se fixavam e saqueavam as aldeias.

Tudo leva a crer que as primeiras organizações militares foram constituídas a partir desses grupos de caçadores defensores das aldeias que, com o decorrer do tempo, acabaram dominando as povoações. Surgiram os primeiros reis.

As culturas agrícolas criaram de certa forma a religião cósmica, que se concentrava no mistério central da renovação periódica do mundo. O mistério da sacralidade cósmica está simbolizado na Árvore do mundo, e o Universo é entendido como um organismo que deve se renovar periodicamente.

Esse pensamento deu origem à Árvore Cósmica que se encontra no centro do Mundo e se estabelece em três regiões cósmicas, pois possui suas raízes no inferno e seu cimo no céu.

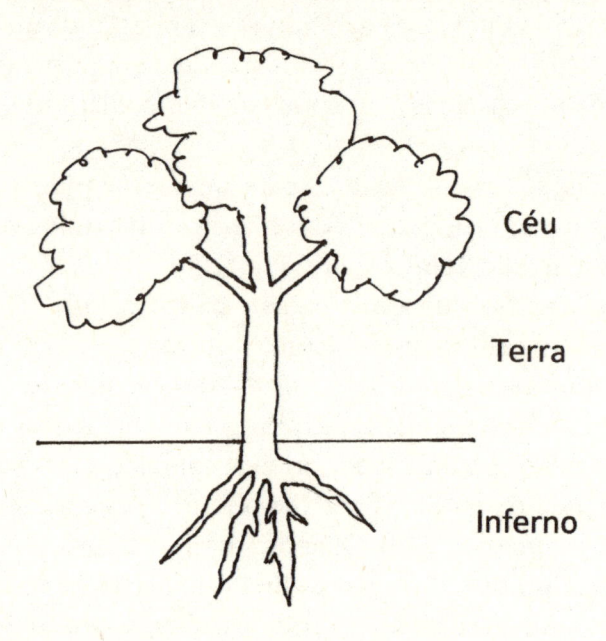

Para os agricultores da época, o verdadeiro mundo era o espaço onde viviam, a casa, a aldeia e os campos cultivados. Esse espaço é o Centro do mundo, o lugar consagrado às orações e oferendas, à comunicação com os deuses. Nesses locais provavelmente surgiram os primeiros altares e santuários.

O desenvolvimento da agricultura deu início ao culto da Mãe Terra, ligada à fertilidade e à origem da vida.

A grande mãe universal tinha poderes em toda a natureza, seja na vida humana, animal ou vegetal.

Ela era evocada por vários nomes e em todos os lugares; representava o princípio criador e simbolizava a unidade essencial de toda a vida. Esses pensamentos deram origem ao surgimento de inúmeras deusas-mães em várias civilizações ao longo do tempo.

A maioria dos textos está relacionada com a manifestação primordial cujo simbolismo reflete uma grande transcendência cósmica e espiritual, em que encontramos o Princípio Vivificador e a Matriz onde se inicia a criação. Desse pensamento surgem basicamente todas as mitologias relativas à Mãe Universal ou Cósmica.

A Mãe Cósmica Universal surge em vários planos e mitologias com muitos nomes. Cada um deles representa um plano de evolução até se estabelecer no plano terrestre como Mãe Terra ou Mãe dos homens.

As deusas-mães são reverenciadas em vários aspectos, e até povos, raças e comunidades com pouco desenvolvimento espiritual-mental podem entender uma deusa terra que pode ouvir seus pedidos materiais.

Acredito não ser necessário exemplificar as deusas-mães, talvez apenas lembrar que o culto relacionado a elas vai desde as pequenas estátuas disformes da pré-história até Maria, a mãe de Jesus, reverenciada acima dos anjos e dos santos em razão de ser a mãe de Deus.

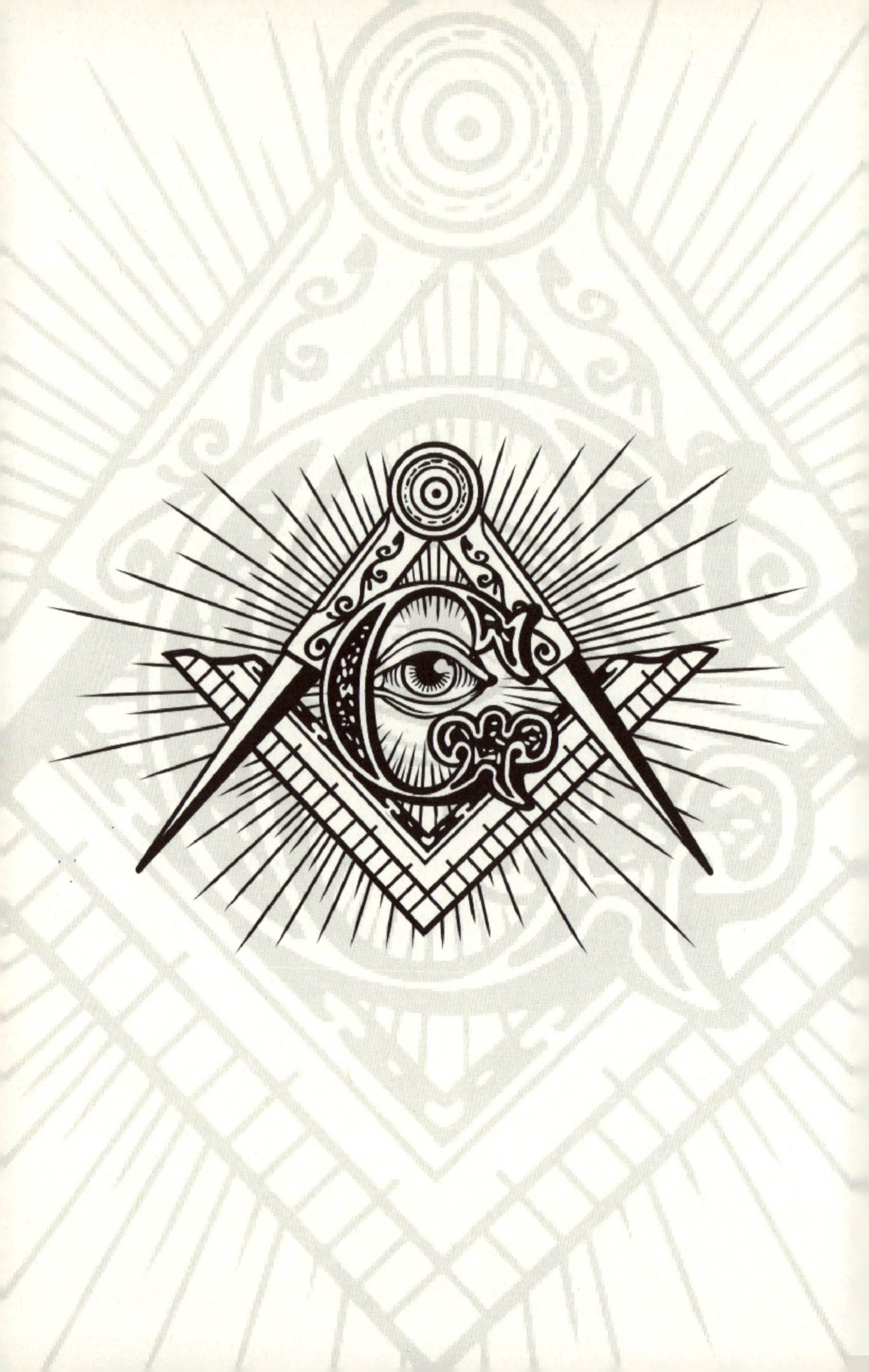

Do Exoterismo ao Esoterismo

Não existem dúvidas, para os que acreditam na religiosidade, de que somos filhos de Deus, mas esse fato não nos torna iguais e sim semelhantes.

Existem diferenças significativas entre as pessoas, tanto com relação à parte física como à mental e espiritual.

Por essa razão e outras características humanas, o conhecimento passou a ser representado pelo princípio exotérico, para a população em geral, e esotérico, para os iniciados ou escolhidos.

Dessa forma, surgiram os símbolos como regentes da vida imaginativa, matéria-prima do inconsciente, que se transformam em chaves do espírito e que conseguem abrir as portas do desconhecido e do infinito.

Os símbolos possuem a capacidade de sintetizar as manifestações do consciente e do inconsciente, assim como as forças instintivas e espirituais que habitam o interior de cada ser.

Alguns símbolos possuem características universais e fazem parte da imaginação humana: Sol, Lua, Raio, etc. Porém, o sentido de cada um pode não ser o mesmo, pois tudo depende do observador, da sociedade onde ele vive e do momento do fato. Dessa forma, a Lua presente em um Templo não tem o mesmo significado para um astrônomo em um observatório.

Os símbolos são muito complexos, tanto podem ser criados para decifrar como para esconder. Além desse fato, o fascínio exercido pelos símbolos é indescritível. São utilizados amplamente em todas as atividades humanas, o que nos leva a concluir que eles não são as coisas mais intrigantes do mundo, eles são o mundo.

Porém, a palavra grega *symbolon* era um sinal de reconhecimento. Quando dois amigos se separavam por um longo período ou para sempre e desejavam selar a amizade, partiam uma moeda, uma plaquinha de barro ou qualquer outra peça e cada um ficava com sua metade. Quando morriam, as partes ficavam com seus familiares. Ao serem unidas, confirmavam a amizade. Essa união era denominada *symballeim*, que significa juntar ou reunir.

Esse procedimento também era utilizado no envio de mensagens para confirmar sua autenticidade.

A união entre duas partes simboliza a verdadeira realidade espiritual representada pela amizade. Esse fato pode ser encarado como algo visível, fruto de uma realidade invisível em que o lado externo revela o interno.

Os símbolos, principalmente geométricos, foram utilizados em todas as épocas como representações perfeitas do *Logos*. Já nas filosofias iniciáticas, servem para estimular a meditação transcendental quando não existem palavras objetivas e reais que possam descrever o fato.

No sistema geométrico utilizado para descrever o início cósmico que determinou o aparecimento do Universo, os símbolos usados são os seguintes: (.) o ponto, (O) o círculo, (-) o traço horizontal; e (I) o traço vertical.

Esses símbolos podem representar o *Logos*, a Deidade e o Verbo manifestado, ou seja, a tríplice manifestação que aparece na maioria das religiões, como o Pai primeiro *Logos*, a Mãe segundo *Logos* e o Filho terceiro *Logos*. No Egito antigo eram Osíris, Ísis e Hórus; na Índia, Brahma, Vishnu e Shiva, etc.

Não podemos deixar de registrar que o *Logos* representa o princípio Divino, a razão universal, a harmonia suprema e o princípio cósmico da verdade.

(.) – O ponto isolado refere-se ao Criador incriado, ao centro do Universo.

O – O círculo vazio representa o princípio imanifestado, nada estava criado. Ele também simboliza o infinito do Universo, o tudo ou o nada. Pode conter a criação, a fertilidade e a origem da vida e também a unidade, a totalidade e o infinito.

⊙ – O círculo com um ponto no centro simboliza o germe do Ovo Cósmico.

⊖ – O traço horizontal dentro do círculo, o princípio da primeira divisão do princípio Divino em suas polaridades opostas: uma masculina e outra feminina, em que uma é ativa e outra passiva, assim como espírito e matéria.

⊕ – O traço vertical formando uma cruz dentro do círculo, ou seja, o vertical sobrepondo-se ao horizontal, símbolo do princípio masculino; o filho primordial no momento da criação, quando impregna o princípio feminino.

Essa cruz dentro do círculo é a origem esotérica de todas as cruzes e também da suástica, o quádruplo ponteiro do relógio cósmico.

Seus quatro braços voltados em ângulos retos apontam cada longo período cósmico de 2.160 anos relacionados a cada signo do zodíaco, completando 25.920 anos, ou o grande período de evolução.

Ele também representa os quatro poderes cósmicos ou os quatro poderes elementais regidos pelos Quatro Senhores do Mundo.

O fato interessante é que a maioria das religiões monoteístas ensina que existem entidades intermediárias, assim como as politeístas aceitam a existência de um Ser Supremo Primordial, o Criador de todas as coisas.

Elas também fazem referências aos Quatro Senhores do Mundo relacionados com os quatro elementos da natureza regentes dos destinos da humanidade.

No Cristianismo, o arcanjo do Norte era Gabriel; do Sul, Rafael; do Leste, Miguel; e do Oeste, Uriel.

No Egito antigo, eram quatro os filhos de Hórus: Hapi, Tuamutef, Anser e Gensennuf, como quatro os desenhos geométricos:

• A espiral – Fonte da energia cósmica do espírito criador.

- A espiral quadrada – Representando essa energia que age no Universo.
- A massa informe – Imagem do caos primitivo.
- O quadrado – Simboliza a Terra e o mundo organizado, tendo por base os quatro pontos cardeais.

Na Índia, os quatro Devarajas.

Nas doutrinas pitagóricas, eram representados pela Tetraktys, o sagrado quatro onde Pitágoras ensinava que dez é gerado por quatro: 1+2+3+4 = 10. Graficamente, esse pensamento era representado por meio de um triângulo com dez pontos.

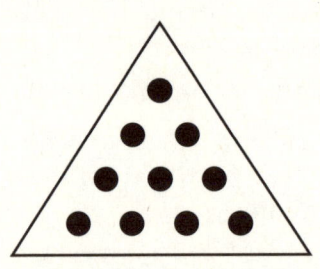

O sagrado quatro tinha um significado místico semelhante ao Tetragramaton ou quatro letras unidas, termo cabalista que significa o nome de Deus J.H.V.H. para Jeovah ou I.H.V.H. para Yahvet.

Deus como figura absoluta é incognoscível para o homem, entretanto pode ser compreendido em suas manifestações, das quais a mais importante é a Trindade.

Em Deus existe o elemento ativo, que é a inteligência, e o passivo, a força. Eles são equilibrados pelo elemento neutral da providência. Esse conjunto é a mesma Trindade encontrada nas religiões.

O organismo cósmico também possui três planos que correspondem cada um a uma parte do Ser Universal ou Trindade. O plano espiritual ou mundo das forças e dos princípios, o plano astral ou mundo das energias das formas e das leis, e o plano material ou físico dos fatos.

O mundo físico constitui o corpo do ser; o mundo astral, sua alma; e o mundo espiritual, sua inteligência absorvida do absoluto ou Espírito Divino.

A Renovação Periódica do Mundo

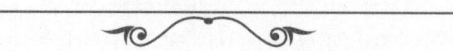

Não é necessário explicar em todos os seus detalhes a importância da descoberta da agricultura na história da civilização humana.

Como produtor de seu alimento, o ser humano teve de modificar seus hábitos ancestrais. Um dos primeiros problemas foi aperfeiçoar suas técnicas de calcular o tempo. Os cultivadores eram obrigados a elaborar seus projetos agrícolas vários meses antes, assim como executar de maneira correta uma série de atividades complexas. Todo esse trabalho demorado poderia ter um resultado desastroso na colheita.

A cultura das plantas impôs uma divisão do trabalho orientada de forma diferente, pois a responsabilidade principal de assegurar os meios de subsistência passou a ser das mulheres.

Mas, por outro lado, também foram consideráveis as consequências da descoberta da agricultura para a história religiosa da humanidade.

A maioria dos mitos de origem foi encontrada entre as populações primitivas que praticavam a agricultura.

De maneira geral, os seres se alimentavam da própria substância da divindade e, por essa razão, as plantas alimentares foram consideradas sagradas.

Algumas religiões de agricultores acreditavam que o presente das plantas e cereais estava relacionado a uma hierogamia entre o

Deus do Céu e a Mãe Terra, regido por um drama mítico que implica união sexual, morte e ressurreição.

Como as mulheres desempenhavam um papel decisivo na domesticação das plantas, elas se tornaram as proprietárias dos campos cultivados. A importância delas realçou a posição social, criando novas instituições, como a matrilocação, na qual o marido se vê obrigado a habitar a casa da esposa.

Nessa nova situação, a fertilidade da terra é solidária com a fecundidade da mulher, a qual passa a ser responsável pela abundância das colheitas, pois são elas que conhecem o mistério da criação. Esse mistério é religioso porque envolve a origem da vida, o alimento e a morte.

A descoberta da agricultura aumentou sensivelmente o poder da sacralidade feminina. A sacralidade da vida sexual confunde-se com o enigma da criação e o mistério da vegetação, em que a morte da semente assegura um novo nascimento com espantosa multiplicação.

A assimilação da existência à vida vegetativa alimentou a reflexão filosófica durante milhares de anos e ainda é representativa para o homem contemporâneo.

Todos os valores religiosos resultantes da agricultura foram se articulando ao longo do tempo. Podemos encontrar continuamente novas ideias religiosas relativas ao mistério da vida vegetal. Talvez todas as ideias religiosas não fossem despertadas pela agricultura em si, mas pelo mistério do nascimento, da morte e do renascimento identificados no ritmo da vegetação.

As culturas agrícolas dão origem a uma religião cósmica que tem como objetivo o mistério central da renovação periódica do mundo.

O mundo e a existência humana são comparados à vida vegetal e o ciclo cósmico é concebido como a repetição indefinida de nascimento, morte e renascimento. As ideias em torno da renovação periódica do mundo são reinterpretadas por diversos sistemas religiosos, como na Índia os ciclos que se repetem até o infinito e a transmigração das almas.

O Início da Religiosidade

Existe enorme dificuldade em determinar o início religioso em nosso mundo. Os vestígios dos primeiros habitantes são insuficientes para demonstrar quando a religiosidade se estabeleceu. Infelizmente, como não existia a escrita, dispomos apenas dos restos que sobraram em seus acampamentos e posteriormente quando se estabeleceram em suas vidas agrícolas.

A crença em uma vida *post mortem* parece ser mais antiga do que muitos acreditam, pois a utilização de ocra vermelha, um substituto do ritual de sangue, como símbolo da vida foi encontrada em sepulturas bem antigas.

A crença na imortalidade é confirmada pelas sepulturas, pois não existe outra razão para ter esse trabalho.

Inicialmente essa crença poderia ser algo espiritual com base na pós-existência da alma, em virtude da aparição dos mortos nos sonhos.

A partir de um determinado momento, encontramos vestígios de uma crença na imortalidade, pois os corpos são orientados para leste na esperança de um renascimento baseado no curso do Sol. Além desse fato foram encontrados ferramentas, artigos pessoais, objetos de adorno e até restos de comida, o que indicava a possibilidade de uma vida futura.

Os corpos também eram enfeitados e inclusive dobrados na posição fetal, deitados sobre o lado direito como preparados para um novo nascimento.

Mesmo nos grupos nômades, os xamãs já representavam os religiosos mais antigos que desenvolveram os primeiros rituais, além de cuidarem das doenças físicas e espirituais.

Quando os primeiros habitantes se fixaram em aldeias por causa da revolução agrícola, os caçadores se tornaram os primeiros soldados para protegerem os povoados, e os xamãs foram os primeiros religiosos.

Em um determinado período surgiu a valorização religiosa do espaço representado pelas aldeias.

A nova vida fixada em um único ponto passou a organizar o mundo de outra forma, muito diferente da anterior, em que existia uma vida nômade que representava uma enorme dificuldade.

O verdadeiro mundo passou a ser para o agricultor o espaço onde ele vive: a habitação, a aldeia e os campos cultivados. Sua aldeia passou a ser o centro do mundo, um lugar sagrado onde fica mais fácil se comunicar com os deuses.

O simbolismo da habitação é encontrado em várias sociedades primitivas. A separação da habitação entre os dois sexos tinha provavelmente um aspecto cosmológico.

Dentro do espaço das aldeias, a partir de um determinado momento, foram construídos pequenos altares e santuários.

Em um período posterior, foram encontradas em aldeias da Mesopotâmia algumas construções fora dos padrões, denominadas de templos, e capelas familiares onde foram descobertas estatuetas femininas e de alguns animais, revelando um culto à fertilidade.

A principal divindade é a deusa representada por três aspectos: mulher jovem, mulher dando à luz um filho ou um touro e uma mulher velha acompanhada de uma ave de rapina. Também podem ser encontradas divindades masculinas na forma de um rapaz ou adolescente e um adulto barbudo montado em seu animal sagrado, o touro.

Nas paredes encontramos uma grande variedade de pinturas com relevos da deusa com até dois metros de altura modelados em gesso, madeira ou argila, e cabeças de touros fixadas nos muros.

À medida que novas descobertas vieram à tona, ficou claro que a religiosidade havia se estabelecido e aumentado o seu poder nas comunidades.

Observou-se na cultura de Obeid, originária do Iraque meridional, um grande progresso no trabalho com metais, na agricultura e no comércio.

Surgiram cabeças de homens e de animais com significado religioso, além de cenas de culto com personagens em volta de um altar ornado com animais simbólicos.

As figuras humanas possuem um aspecto esquematizado, prevalecendo a tendência não figurativa que caracteriza toda essa cultura.

Estatuetas humanas confeccionadas em pedra calcária representam provavelmente religiosos, assim como desenhos com formas repetitivas que talvez simbolizam uma imagem-padrão do templo principal.

Esse período tem uma característica admirável, pois surgem templos grandiosos para a época. O mais significativo é o Templo Branco, com 22 x 17,5 metros e altura de 13 metros. O platô onde foi construído possuía restos de antigos santuários e a forma de um zigurate ou uma montanha sagrada cujo simbolismo era comum na região.

Porém, a mitologia da pedra polida foi sucedida pela mitologia dos metais, em que a mais rica se elaborou em torno do ferro.

Inicialmente eles trabalhavam com o ferro meteórico antes de aprenderem a utilizar os minérios ferrosos superficiais.

Na Suméria, a palavra *An Bar*, que representa o mais antigo vocábulo sobre o ferro, é escrita com os sinais Céu e fogo. Mas o metal era raro e seu uso foi destinado à ritualística.

Após a descoberta dos fornos e a técnica de endurecimento, o ferro terrestre passou a ter uma posição de destaque.

Esse fato gerou consequências religiosas importantes, pois a sacralidade celeste representada pelos meteoros foi substituída pela sacralidade telúrica oriunda das minas e dos mineiros.

As cavernas, assim como as minas, são comparadas à matriz da Mãe Terra.

Em todas as minas, os mineradores praticam ritos em torno do estado de pureza, jejum, meditação, orações e atos de culto, pois o trabalho se realiza em uma zona sagrada diferente do universo religioso familiar.

Existe um sentimento de sacralidade mais profundo e perigoso em um mundo subterrâneo, que se processa nas entranhas da Terra-mãe.

Carregados de sacralidade, os mineiros são conduzidos aos fornos, onde o artesão substitui a Terra-mãe para completar o crescimento do metal.

Os fornos representam uma nova matriz artificial onde o minério termina sua gestação, sendo necessário um grande número de precauções, tabus e rituais.

Os metalúrgicos, os ferreiros e os oleiros são considerados os "Senhores do fogo", pois é por meio desse elemento que a matéria passa de um estado a outro.

Encontramos em várias mitologias os ferreiros divinos que forjam as armas dos deuses, garantindo-lhes a vitória contra seus oponentes.

No mito egípcio de Ptá, o deus oleiro forja as armas que permitem a Hórus vencer Seth; Hefesto forja o raio com o qual Zeus derrota Tífon. Também o ferreiro divino Tvastr faz as armas de Indra em seu combate com Vrtra.

Ao que tudo indica, os metalúrgicos, ferreiros e oleiros, em razão de suas atividades devem ter formado sociedades de ofício e, como pudemos ver, elas eram revestidas de grande sacralidade.

Os ofícios ligados à transformação dos metais extraídos das entranhas da terra possuem um aspecto temível, pois sua atividade aparenta estar ligada à magia.

Embora o ferro tenha sido considerado proteção contra os demônios, por outro lado era tido como perigoso por seu poder sobrenatural que ligava a água ao fogo. Por essa razão, foi proibido o uso de peças de ferro na construção do altar (Êxodo 20,25). Também no Egito antigo as facas usadas em cultos somente poderiam ser de pedra.

Entretanto, a ideia da transmutação dos metais ou um enobrecimento da matéria associado a uma purificação da alma era o ponto de partida da Alquimia.

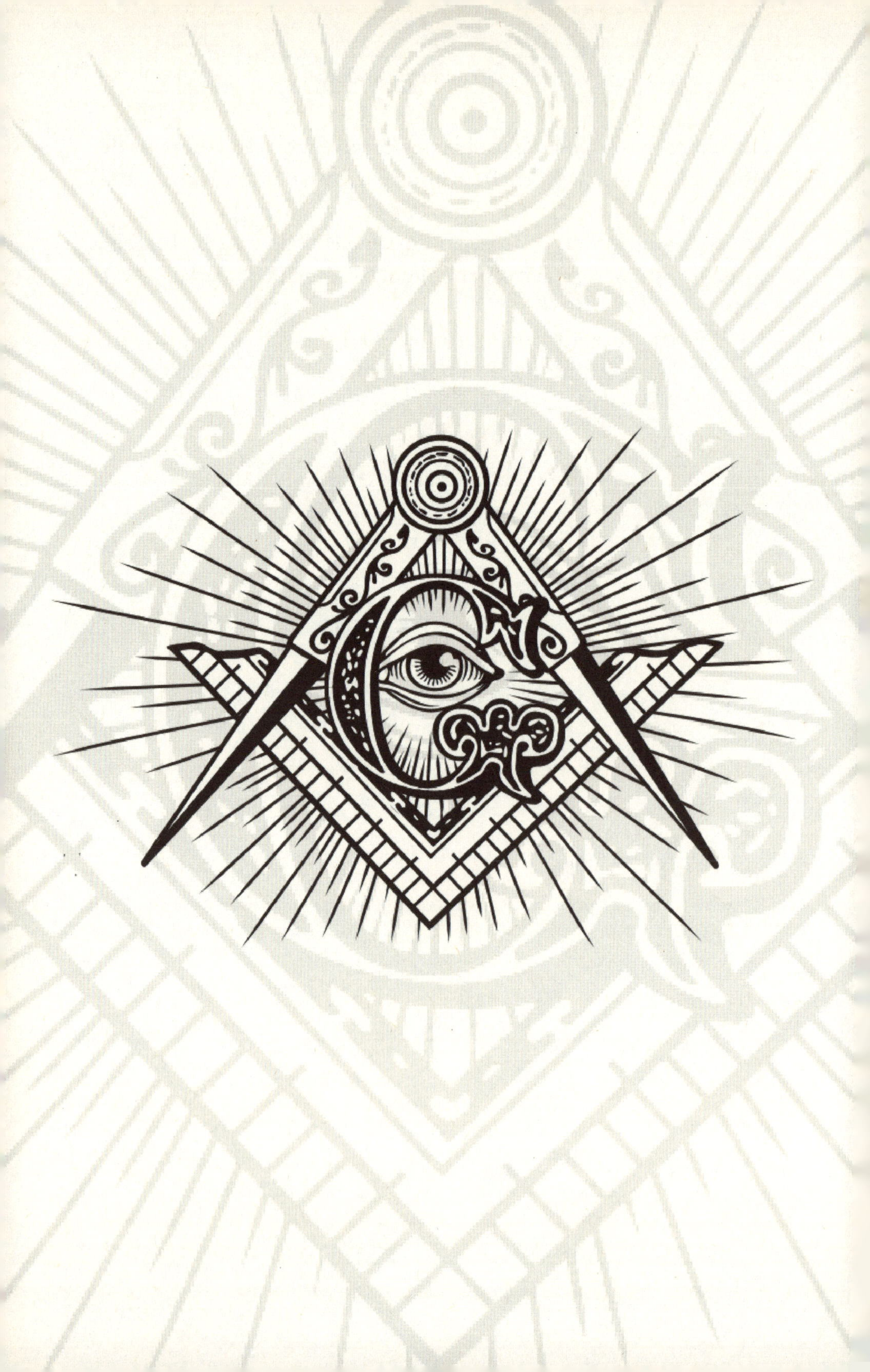

A Transformação

Podemos perceber que na evolução humana a espiritualidade esteve presente. Praticamente tudo se relaciona à sacralidade, que talvez tenha despertado não somente uma curiosidade, mas a visão de um caminho: a evolução.

Toda iniciação é um ato preparatório para o recebimento da base espiritual pelo renascimento de um novo ser não contaminado pelo mundo profano.

Na Maçonaria, segundo as antigas tradições, a iniciação surgiu na fase Operativa, estando relacionada aos Antigos Deveres concernentes à admissão de um Candidato em que os trabalhos eram abertos por uma prece.

Em seguida era lida a história da Ordem e, em seu término, o Candidato colocava a mão direita sobre o Livro da Lei, quando era proferida a leitura dos artigos que uniam os maçons.

Após a leitura, enumeravam-se as obrigações do Aprendiz, o qual jurava segredo sobre tudo que iria ver e ouvir e acerca do que lhe seria comunicado no futuro.

A partir do século XVIII, o Candidato era despojado de todos os objetos de metal; sua camisa era aberta do lado esquerdo, ficando o ombro descoberto. A calça do pé direito era suspensa acima da altura do joelho. Em seguida, ele era entregue ao Segundo Vigilante, que o levava a fazer as viagens do Norte ao Sul da Loja e depois o entregava ao Primeiro Vigilante. Este, após lhe ensinar como avançar em três passos em direção ao Venerável Mestre, o fazia ajoelhar-se no meio da Loja e colocar a ponta de um compasso sustentado pela mão esquerda em seu seio esquerdo descoberto e a mão direita em cima da Bíblia. Nesse posicionamento, era prestado o juramento pelo qual se obrigava a não revelar nenhum dos segredos e mistérios da Ordem sob pena de ter a garganta cortada.

Atualmente, a iniciação maçônica, após ter recebido as influências do período Especulativo, procura de forma simbólica estabelecer um ritual de retorno aos Mistérios da Antiguidade, os quais representavam as viagens do ser humano da vida mortal à experiência da morte e do renascimento, em busca da luz por meio do aperfeiçoamento da consciência e do aprimoramento espiritual.

Na iniciação maçônica atual, após o Candidato ser despojado de todos os objetos de metal, ele tem sua camisa aberta do lado esquerdo, a calça do pé direito suspensa acima da altura do joelho e seu pé direito deve estar descalço.

A retirada de partes das vestes e ornamentos do Candidato é para lembrar que a virtude não tem necessidade de ostentação. Ao despir o lado esquerdo do peito, o coração fica descoberto em sinal de sinceridade e franqueza. Nessa região será impresso o cunho inextinguível que o tornará reconhecido por todos os maçons do Universo.

O joelho direito posto a nu demonstra os sentimentos de humildade. É o joelho que irá tocar o solo no juramento.

Todas as partes do corpo do Candidato que foram despidas mantêm contato físico durante a cerimônia, simbolizando a nudez total.

Após a preparação, um Irmão introduz o Candidato na Câmara de Reflexões, desvenda seus olhos e diz: "Este local irá auxiliar-vos a meditar profundamente, assim eu vos deixo entregue às vossas reflexões. Não estareis só, pois Deus, que tudo vê, será testemunha de vossa sinceridade, neste importante momento de vossa vida". Em seguida, o Irmão se retira.

Passados alguns minutos, o Irmão retorna à Câmara de Reflexões, apresenta um questionário e um testamento.

Todas as Lojas maçônicas devem possuir uma Câmara de Reflexões em um lugar oculto e cuidadosamente disfarçado, com dimensões pequenas, dando uma ideia de gruta, ventre da terra ou túmulo. Seu interior será pintado de preto e não deve receber luz externa, apenas a de uma vela ou lamparina. Esse local simboliza o centro da terra, de onde viemos e para onde teremos de voltar. É um lugar de meditação que tem por objetivo ensinar que o homem deve morrer naquele lugar para sair de lá purificado pelo elemento terra.

Embora muitos acreditem que os iniciados recebem todos os conhecimentos necessários para que sua vida se torne completa, as sociedades iniciáticas também possuem um lado exotérico e um esotérico.

Não é por meio da iniciação que adquirimos os segredos da vida. Na verdade a iniciação, como o nome já diz, é o início do despertar do conhecimento. Porém, o conhecimento é algo que depende apenas de quem procura. Podemos considerar que a iniciação é o despertar da espiritualidade, a qual é algo diferente do espírito. Este, na realidade, é um corpo denso.

A espiritualidade é a verdadeira luz que ilumina as trevas onde se encontram os conhecimentos.

Tudo se encontra à disposição, nada é ofertado, e aquilo que é conquistado permanece eternamente ao dispor.

Dentro da Câmara de Reflexões existe uma pequena mesa e um banco onde o futuro iniciado ficará sentado de costas para a porta de entrada. Na parede de frente, acima da mesa, estarão pintadas as letras V.I.T.R.I.O.L., uma fórmula hermética atribuída a Basílio Valentim, um alquimista do século XV. Segundo alguns estudiosos, serviu de lema dos antigos rosa-cruzes.

Existem dois textos com as respectivas traduções e um simbolismo semelhante sobre essa fórmula hermética.

O primeiro, segundo Jean Sernier, é o seguinte: *Visita Interiorem Terrae, Rectificando, Invenies Operae,* cuja tradução nos mostra: Visita o interior da Terra; Retificando, Encontrarás a Pedra da Obra.

No segundo, Kurt Seligmann nos mostra o seguinte: *Visita Interiorem Terrae, Rectificando, Invenies Occultum Lapidem*, cuja tradução é a seguinte: "Visita o Interior da Terra, Retificando, Descobrirás a Pedra Oculta".

Podemos encontrar várias interpretações da fórmula V.I.T.R.I.O.L. em que a visita ao interior da Terra seria a permanência na própria Câmara de Reflexões, e o retificando, a reformulação da mente, em que a Pedra Oculta representa os segredos a ser desvendados por meio da busca mística do ego. Em outras palavras, a procura da essência da alma humana e o surgimento da Pedra Bruta a ser trabalhada.

Muitos acreditam que a pedra oculta seja a Pedra do Sábio, que pode se transformar em Pedra Filosofal.

Porém, a visita ao interior da Terra, como vimos no capítulo anterior, era a busca por um sentimento de sacralidade que se processa nas entranhas da Mãe Terra.

As cavernas, assim como as minas, simbolizam a matriz da Mãe Terra, e o ser humano foi feito da terra e a ela retornará ao término da jornada.

Embora seja dito aos iniciados que na Câmara de Reflexões ele deve morrer para o mundo profano para sair de lá purificado pelo elemento terra, na verdade ele nasce do ventre da Mãe Terra. É este o primeiro estágio da espiritualização maçônica.

Na mesma parede estão pintados um galo e as palavras "vigilância" e "perseverança".

O galo é um emblema da altivez em razão de sua postura, semelhante a um símbolo solar. Como anunciador do amanhecer, é quem glorifica o triunfo da luz sobre as trevas. Em várias culturas antigas, ele representa uma espécie de criatura celestial e votiva ligada à ressurreição solar. Por meio do simbolismo de seu canto, promove a renovação espiritual, fato adotado pelas escolas esotéricas em suas doutrinas e por várias religiões em seus cultos.

Na Alquimia, representa o mercúrio filosófico, princípio segundo o qual a Alma da Obra desperta possibilitando sua transmutação.

No Japão, a mitologia xintoísta acreditava que o galo era responsável pelo sol que brilhava no reino de Yamato (antigo Japão). O culto xintoísta é um culto solar no qual o Sol é o símbolo da divindade, ornamentando, inclusive, a bandeira japonesa.

A virtude e a coragem do galo fazem os japoneses atribuírem a ele as cinco virtudes:

• Virtudes Civis – em razão da crista, conferir-lhe um aspecto mandarínico.

• Virtudes Militares – por causa do porte das esporas.

• Coragem – em razão de seu desempenho em combate.

• Bondade – por dividir sua comida com as galinhas.

• Confiança – pela segurança com que anuncia o nascer do Sol.

Como o Cristianismo foi muito influenciado pelos cultos solares da Antiguidade, adotou-se o galo como símbolo do arauto anunciador da nova luz do mundo.

Segundo uma lenda antiga, a única vez que o galo cantou à meia-noite foi na noite do nascimento de Jesus. Por essa razão, a Missa do Galo é rezada na passagem do dia 24 para 25, em dezembro, e conhecida também como a Missa da Luz

Pitágoras em seus versos de ouro recomenda: "Alimentai o galo e não o imoleis porque ele é consagrado ao Sol e à Lua".

Na Antiguidade, o galo era considerado um ser que nada temia, nem mesmo o leão, cujo simbolismo era semelhante ao do Sol. Porém, o galo conseguia olhar o Sol de frente, e o leão não.

No Islã o galo é venerado. O profeta dizia: "O galo branco é meu amigo. Ele é o inimigo do inimigo de Deus". Também proibiu maldizer o galo, pois ele convida os fiéis à oração, sendo-lhe conferida uma dimensão cósmica.

Na Maçonaria, o galo como símbolo da vigilância e da perseverança representa a espiritualidade ativa sempre desperta, anunciando diariamente os compromissos assumidos pelos iniciados.

Na parede à esquerda da Câmara de Reflexões, temos a figura de uma caveira e duas tíbias ou de um esqueleto humano. Na parte alta dessa parede, encontra-se a frase: "Se tens medo, não vás adiante".

Do lado esquerdo da caveira com duas tíbias ou do esqueleto, temos uma ampulheta; do outro lado, um alfanje; e acima a frase: "Se queres bem empregar tua vida, pensa na morte".

O esqueleto humano, que simbolicamente muitos acreditam estar ligado à morte, na verdade é um sinal de vida. Quando os arqueólogos encontram restos de esqueletos, acabam descobrindo como aquelas pessoas viveram, pois na verdade a morte é a constatação da vida.

Os esqueletos possuem uma forma semelhante, o que varia entre os seres humanos é a carne que produz o volume; a forma e o espírito que mantém a vida.

Quando a carne se decompõe, sobra o esqueleto com um sorriso irônico e ar pensativo, representando a vida que partiu para outra fase.

Na Alquimia, os esqueletos anunciam a ressurreição e o renascimento da matéria-prima em transformação após o enegrecimento (*migrado*) e a putrefação (*putrefactio*).

O esqueleto simboliza o conhecimento de quem atravessou a fronteira do desconhecido e, por meio da morte, penetrou no segredo do além.

A ampulheta simboliza o eterno trabalho do tempo, que não para e não retorna, atuando sempre rumo ao futuro. A forma da ampulheta nos mostra, através de seus dois compartimentos, a analogia do acima e o abaixo ou uma passagem do superior ao inferior.

É uma advertência sobre o valor do tempo, para que não seja desperdiçado em situações que não trazem nenhum benefício ao desenvolvimento. Nossos dias correspondem à areia que escorre pela passagem estreita da ampulheta e eles só podem retornar quando invertemos a posição, o que determina um novo ciclo.

O alfanje relaciona-se aos simbolismos dos ciclos agrícolas. No passado era representado pela foice.

O ato do corte iguala e era da boa à má, não havendo distinção entre o bom e o ruim. A morte não seleciona, ela atinge a todos.

A partir do século XIII, surgiu na iconografia ligada à morte: a figura do alfanje, conhecido como a foice de cabo longo. Ainda podemos encontrar ilustrações em que aparecem personagens de idade avançada ou esqueletos com alfanjes em atitudes relacionadas à morte.

Embora o alfanje seja relacionado à morte, na realidade é um símbolo de renovação periódica dos ciclos agrícolas, em que a morte comanda o renascimento.

Na parede à direita da Câmara de Reflexões, temos pintadas as seguintes inscrições:

"Se a curiosidade aqui te conduz, retira-te.
Se tens receio que descubram teus defeitos,
Não estarás bem entre nós. Não esperes
Retirar qualquer proveito material da Maçonaria.
Se és apegado às distinções humanas, retira-te,
Pois nós aqui não as reconhecemos. Se fores
Dissimulado, serás descoberto. Somos pó e ao
Pó retornaremos".

Muitos acreditam que essas inscrições são um alerta ao compromisso que o iniciado irá assumir. Porém, se observarmos com atenção, são verdades ditas de maneira bem clara, mostrando ao iniciado que ele deve proceder da maneira correta.

Dessa forma, a Maçonaria age com honestidade, não procurando enganar seus futuros membros.

Acredito que essas palavras simples sejam um exemplo de espiritualidade em que o real é visível.

A mesa da Câmara de Reflexões deve ter ossos, uma imitação de crânio humano, uma bilha de água, pão, sal, enxofre e mercúrio.

Essa mesa não representa um altar, pois possui uma cadeira para o iniciado sentar. É apenas uma mesa que apresenta vários objetos sobre ela, reunindo toda uma simbologia necessária à iniciação. Dessa forma, o importante é analisar esses objetos.

A bilha de água simboliza um dos quatro elementos conhecidos tanto na Alquimia como nas cosmogêneses, em todos os conceitos esotéricos, existindo em todas as formas de manifestação de vida.

A água possui uma simbologia muito extensa. É fonte da vida e meio de purificação interna e externa, funcionando como uma regeneração para o corpo humano.

No *Rig Veda* encontramos que as águas trazem vida, força e pureza tanto no plano espiritual como no corporal.

O elemento água em seus diversos estados líquidos se manifesta na Terra, mas sua origem se encontra nos princípios espirituais denominados de O Grande Mar ou As Grandes Águas. Na ciência hermética, podem ser classificados em estados mais elevados ou menos elevados, dependendo de sua representação material.

Existe a água do mar (salgada), as águas do rios (doce) e o leite que representa a forma mais elevada. Porém, em todos os estados representa a origem e a manutenção da vida.

Podemos classificar seus estados da seguinte forma:

1. Leite como princípio da vida primordial, com a Mãe Suprema dando continuidade à vida que gerou.
2. Mar, berço da manifestação de toda a vida na Terra.
3. Rios, causa de todo o equilíbrio na natureza.

Na Ásia, a água, além de representar a origem da vida e da purificação, simboliza a pureza, a fertilidade, a graça e a virtude. Nos textos hindus, a água é a matéria-prima da vida, pois tudo era água. Dessa mesma forma, o Sopro ou Espírito de Deus pairava sobre as águas no Gênesis.

O pão é o símbolo do alimento principal, pois alimenta a carne e o espírito. Simboliza também a pureza, a união e a fraternidade.

No antigo Egito, o pão era abençoado pelos sacerdotes para tornar-se sagrado; já no *Livro dos Mortos*, o falecido esperava que os deuses lhe dessem o pão da vida.

Na Bíblia, o pão aparece como celestial (João 6, 32-37) nas palavras de Jesus: "Em verdade vos digo, não foi Moisés quem vos deu o Pão do Céu; o verdadeiro Pão do Céu é meu Pai quem vos dá", porque o Pão de Deus é o que desce do Céu e dá vida ao mundo.

O enxofre é um princípio masculino essencial dos corpos. Seu tipo específico é a força com a qual as moléculas se combinam para formar o mineral e o vegetal.

Na Alquimia, o enxofre é aquele que age sobre o mercúrio inerte e o fecunda ou mata.

De acordo com uma tradição esotérica, o enxofre simboliza o sopro ígneo e designa o esperma mineral, sendo associado ao princípio ativo, além de produzir a luz ou a cor.

A ação do enxofre sobre o mercúrio o mata e, ao transmutá-lo, produz o cinabre ou cinábrio, que se supõe ser uma droga da imortalidade. O consumo de cinabre é conhecido na China, na Índia e na Europa, mantendo um simbolismo relativo à regeneração.

O sal está ligado às leis das transmutações físicas, morais e espirituais, pois ao mesmo tempo é conservador dos alimentos e destruidor por meio da corrosão.

Sua ação purificadora e protetora é reconhecida em várias partes do mundo por meio de rituais e pequenos montes à entrada das casas, ao lado de poços e em cerimônias fúnebres por causa do seu poder de purificar lugares e objetos.

Ele também é utilizado como alimento, sendo um condimento essencial e necessário ao corpo humano.

Na liturgia batismal, é evocado como símbolo da sabedoria e alimento espiritual.

Também é considerado um símbolo de aliança entre o homem e Deus (Lev 2, 13), representando as forças espirituais quando os apóstolos são chamados de "sal da terra" (Mt 5,13).

Tanto os gregos como os hebreus e árabes o consideram um símbolo da amizade, da hospitalidade e da palavra empenhada, porque é compartilhado e seu sabor é indestrutível. O mercúrio é considerado a força vital dos corpos, pela qual eles crescem e vegetam. É o corpo astral deles ou sua porção úmida que lhes fornece o elemento necessário ao crescimento.

Segundo algumas tradições ocidentais, o mercúrio é a semente feminina e o enxofre, a masculina, em que sua união subterrânea produz os metais.

Ele tem o poder de purificar e fixar o ouro, sendo considerado um elemento da imortalidade, um símbolo de libertação.

Existe grande dificuldade em dividir o mercúrio em porções, pois estas permanecem unidas umas às outras, representando que o espírito é indivisível.

O ser humano é formado de corpo, mente e espírito; o sal, o enxofre e o mercúrio são seus símbolos. Para os hermetistas, os três princípios se encontram em todos os corpos.

Na madeira verde queimada, o vapor é o mercúrio; o óleo inflamável, o enxofre; e as cinzas, o sal.

Em sua relação com o Ovo Cósmico ou princípio do início da vida, o mercúrio era a clara; o enxofre, a gema; e o sal, a casca.

Os alquimistas nos falam do combate entre duas naturezas, em que uma é chamada de fixa e a outra de volátil, correspondendo ao mercúrio e ao enxofre. Na arte de Hermes, a prioridade concentra-se no mercúrio, que precede o desenrolar do processo em seu papel de mão, sendo considerado o vaso da obra.

Mas há outro tipo de sal central, princípio radical de todas as coisas, que é o primeiro corpo de que se reveste o Espírito Universal. É chamado de sal hermético ou sal hermafrodita, pois participa de todas as naturezas e é indiferente a tudo.

A Câmara de Reflexões

Experimentar nossa solidão é descobrir nossa totalidade.

Na solidão, conseguimos descobrir os mecanismos que carregamos e cegamente recorrem aos nossos hábitos.

O hábito acaba gerando a inconsciência e acionando o comportamento mecânico que leva a energia consciente para longe da consciência.

Na consciência, existe a constante liberdade de escolha que muitos definem como livre-arbítrio, que deve gerar o conceito de responsabilidade. Dessa forma, somos sempre responsáveis pela absorção, entendimento e processamento da energia de acordo com nosso nível de consciência.

Em um nível superior, somos responsáveis por afetar outras pessoas e até nosso próprio mundo.

Uma pessoa, quando experimenta a totalidade de si mesma, não irá buscar fora de si a recompensa, o sentido ou a direção. Procurar as respostas para a vida fora de si mesmo é algo sem sentido; é como buscar a energia que não foi filtrada e que carrega tudo de bom e de ruim.

A maturidade vem com a coragem de estar sozinho.

Nessa solidão podemos encontrar a plenitude, o poder, as respostas e nossa espiritualidade inicial.

Normalmente confiamos nosso controle aos outros, tanto parentes como amigos, imaginando que eles possuem a capacidade de nos esclarecer quando não conseguimos nos encontrar em nós mesmos.

Para conseguir esse poder, temos de recorrer à nossa própria faculdade de ver as coisas por nós mesmos. Temos de analisar como realmente somos e, para isso ser possível, precisamos ficar sozinhos e na solidão redescobrir nossa potencialidade.

Esse renascimento somente pode ser feito de forma particular. Ninguém pode fazê-lo por nós. Mas para isso ser possível é necessário reprogramar nossos pensamentos, pois nossas vidas sempre se encontram repletas de comportamentos repetitivos. Normalmente estamos sempre acompanhando a manada.

Quando adotamos a coragem de estarmos sozinhos, podemos nos tornar conscientes. Quando conseguimos, não necessitamos mais dos jogos sutis de relações de poder entre os homens que, por todos os meios disponíveis de divulgação, nos mantêm divididos em nosso poder, nosso conhecimento e nossa religiosidade. Não ficamos mais confusos ou mal orientados por pessoas ou conceitos, porque em nossa própria avaliação podemos detectar as armadilhas e falhas.

A capacidade de discernir é algo de extrema importância em nossa época, na qual o poder da comunicação conseguiu que belas palavras sejam alardeadas por pessoas que não as conhecem em seu sentido mais íntimo.

Nós temos de recuperar nossa divindade, beber de nossa fonte interior e reunir sempre nossas energias, resgatando nossa individualidade com toda a capacidade de nosso eu, que inclui a materialidade.

O maior problema da atualidade talvez seja a perda da individualidade, tanto física como espiritual. Atualmente, as pessoas seguem padrões que não escolheram, falam sobre coisas que não pensaram e acreditam na fé que não possuem.

Tudo segue padrões estabelecidos por pessoas desconhecidas, que normalmente conseguem modificar a forma de agir e de pensar de grandes populações, tudo em nome do dinheiro.

O verdadeiro poder não vem de fora, vem de dentro.

Pressupor o poder em fontes externas sujeitas a regras ou métodos é renunciar à nossa verdadeira natureza divina, que nos possibilita tudo de que necessitamos.

Temos de vencer as tendências de má utilização de nosso potencial, pois somos bombardeados diariamente por coisas que não nos trazem nenhum benefício.

A maioria do que recebemos acaba nos transformando naquilo que não somos, e em vez de amor, geramos medos, dúvidas, ódios e incertezas. As regras externas existem para aqueles que não conseguem separar o real do irreal, o interior do exterior, o feio do belo, o bem do mal. Faça suas próprias regras, viva suas próprias alegrias, sonhe seus próprios sonhos, viva sua própria vida.

A Câmara de Reflexões não é apenas um local que tem a finalidade de amedrontar o iniciado sobre o compromisso a ser assumido. Também não é um lugar onde se deve morrer para o mundo profano, pois temos muito trabalho a realizar neste mundo em favor da humanidade.

É um lugar espiritual onde recebemos as primeiras instruções de maneira velada para que, ao longo do tempo, possamos compreender o verdadeiro objetivo de nossas vidas. Nela o iniciado deve encontrar sua totalidade e fortalecer suas convicções.

Quem sabe a vida não seja uma Câmara de Reflexões e estejamos ao lado de milhares de símbolos sendo preparados para uma nova iniciação, em que receberemos a Luz Espiritual que irá iluminar nossa próxima vida.

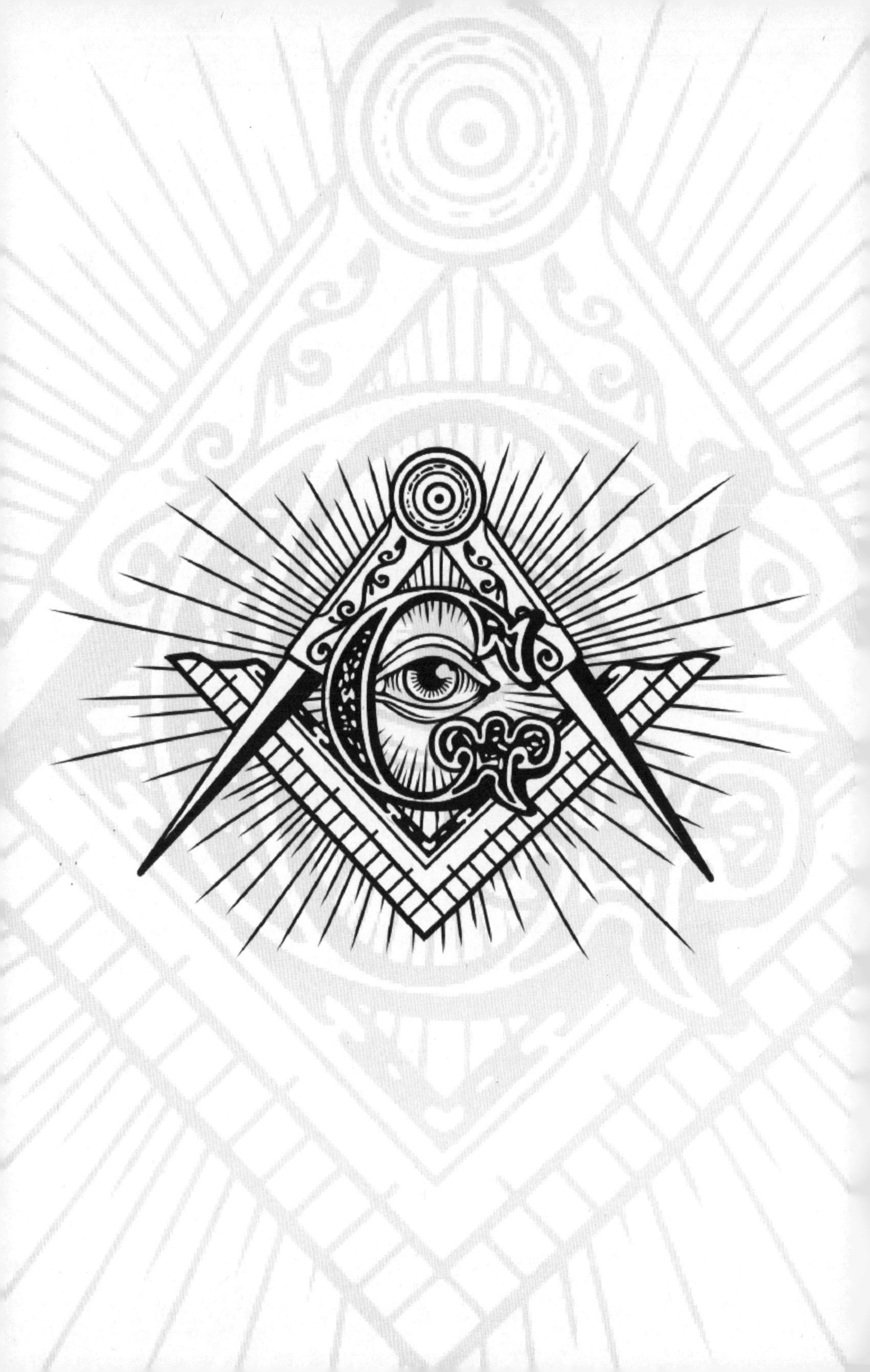

Os Quatro Elementos

De acordo com as cosmogonias tradicionais, são quatro os elementos que constituem todos os corpos físicos do planeta Terra.

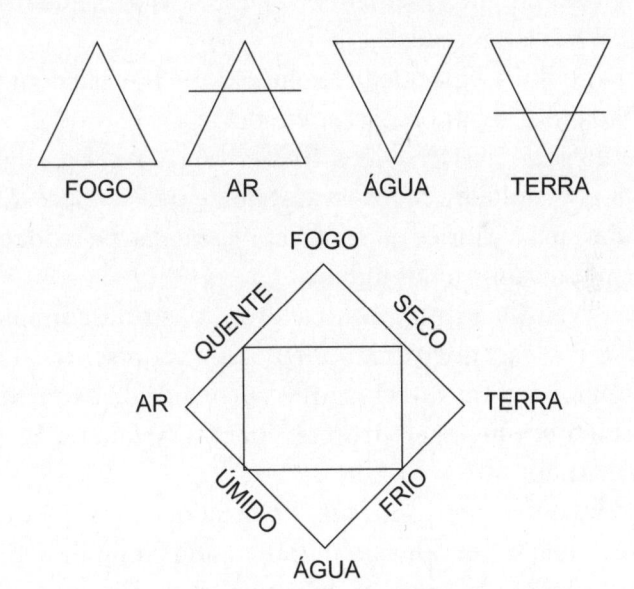

△ FOGO   △ AR   ▽ ÁGUA   ▽ TERRA

FOGO
QUENTE — SECO
AR — TERRA
ÚMIDO — FRIO
ÁGUA

Esses elementos surgiram da simbologia com base na análise do imaginário, em que cada força conduz a outra realidade.

Cada reino pelo qual o ser humano passa recebe experiências que vão se acumulando às recebidas anteriormente. Os reinos da Terra, os elementos e a evolução estão assim relacionados:

Reino mineral   elemento ar   espiritualidade
Reino vegetal   elemento fogo pensamento

Reino animal   elemento água   emoção
Reino humano   elemento terra   sensação

No relato bíblico em Gênesis 3,19, Deus diz a Adão:

"No suor do teu rosto comerás o teu pão, até que te tornes à terra; porque dela foste tomado; portanto és pó e em pó te tornarás". Essa alegoria significa que apenas o corpo físico foi dado pela terra, os demais princípios são divinos.

A PROVA DA TERRA – Na Maçonaria, a prova da terra é representada pela Câmara de Reflexões, simbolizando a caverna, gruta ou ventre da Mãe Terra.

A terra é a substância universal. No caos primordial foi a primeira matéria separada das águas, segundo o Gênesis.

Ela é a virgem penetrada pela lâmina ou pelo arado, fecundada pela chuva, pelo sangue, o sêmem do Céu. É a matriz que concebe as fontes, os metais e minerais.

A terra possui a capacidade regeneradora. Por seu contato, uma forma de vida morre para renascer em outra.

Segundo as antigas tradições, todos os seres recebem dela o nascimento, pois é mulher e mãe; ela sustenta e o Céu cobre. O animal fêmea recebe suas virtudes da terra representadas pela doçura, submissão, firmeza, calma e humildade.

Várias crenças adotaram a caverna ou gruta como símbolo de iniciação e renascimento em virtude de representar o lado escuro onde habita o Eu interior, que corresponde às profundezas do inconsciente, um lugar propício para a regeneração e nascimento espiritual.

Como falamos anteriormente, é o local onde o ser tem a possibilidade de se encontrar consigo mesmo, adquirindo uma nova personalidade que o ajuda na busca da espiritualidade.

A PROVA DO AR – Em várias religiões o ar é considerado um símbolo sagrado. É representado pelo incenso ou simplesmente uma pena. Na Astrologia é associado aos signos de gêmeos, libra e aquário.

O ar de acordo com as cosmogonias tradicionais é um dos quatro elementos. É considerado ativo e masculino, possuindo características ligadas à espiritualização.

No hermetismo simboliza as qualidades quentes e úmidas, sendo intermediário entre o fogo e a água.

Segundo o esoterismo da natureza, os espíritos são chamados elementais e o ar é representado pelos silfos, sílfides, fadas, elfos, a hárpia, a serpente do mar, e até os Anjos.

O alento da vida é encontrado no homem por meio da respiração em três aspectos: a narina direita recebe o alento solar positivo representado por uma serpente branca denominada Pingala; a narina esquerda recebe o alento lunar negativo representado por uma serpente negra de nome Ida; entre os dois canais existe um Nadi denominado Sushumnã, que se estende pelo centro da espinha nos momentos de êxtase ou samadhi.

O ar está relacionado com a respiração criadora da vida, com o vento, com o espaço e com o olfato, representando a ligação de todos os seres que respiram o mesmo ar.

Como elemento primordial, representa o início da vida e está associado ao sopro de Deus que deu vida a Adão. Na mitologia hindu, representa Yayu, o sopro vital ou sopro cósmico que se identifica com o verbo.

O elemento ar é simbolicamente associado ao vento e representa o mundo sutil entre o Céu e a Terra. Os chineses denominam-no mundo da expansão insuflado pelo sopro de *Ki*, o que mantém a vida dos seres.

A PROVA DA ÁGUA – Em várias religiões, o batismo é feito pela água, simbolizando a instalação do espírito.

No Islã, os maometanos lavam os pés, o rosto e as mãos antes de entrarem nas mesquitas. Já os católicos se benzem na entrada das igrejas molhando as pontas dos dedos da mão direita em um recipiente que contém água benta, fazendo em seguida o sinal da cruz. Temos também a Água Lustral, considerada sagrada, que é utilizada nas purificações. Essa água se torna sagrada quando um tição aceso retirado do fogo do sacrifício é mergulhado em seu interior.

Encontramos em textos hindus a água (*prakriti*) como a matéria-prima de tudo onde Bramanda, o Ovo do Mundo, é chocado em sua superfície, e no Gênesis o sopro ou o espírito de Deus pairava sobre as águas.

Podemos encontrar na água três significados importantes: fonte da vida, meio de purificação e centro de regeneração.

O simbolismo da água é muito complexo. Ela representa a infinidade dos possíveis, contendo o virtual, o informal, o germe dos germes, as promessas de desenvolvimento e até as ameaças de reabsorção.

A água ritual das iniciações tibetanas é o símbolo dos votos dos compromissos assumidos pelo postulante.

Ela também pode ser encarada por dois planos opostos, sendo a fonte da vida e fonte da morte, com características criadoras e destruidoras.

Embora a água possa ser cristalina, limpa, pura e calma, também pode ser estagnada, poluída, suja e transmissora de doenças.

Nas tradições do Islã, a água simboliza várias realidades.

O Corão nos fala que a água benta que cai do Céu é como um dos signos divinos. Os Jardins do Paraíso têm arroios de águas vivas e fontes (Corão 2,25; 88,12) O próprio homem foi criado de uma água que se difundiu (Corão, 86,6).

Deus! Foi Ele quem criou o Céu e a Terra e que fez descer do Céu uma água graças a qual faz brotarem os frutos para a vossa subsistência (Corão 14,32; 2,164)

Já Tales de Mileto nos fala em sua cosmologia: "A água é o princípio de todas as coisas da natureza".

Na Maçonaria, embora a cerimônia de purificação pela água seja realizada com as mãos, muitos consideram um batismo ou a instalação do espírito que proporciona o início da vida ou nascimento espiritual.

A PROVA DO FOGO – O fogo, além de simbolizar um princípio ativo, puro, reprodutor, criador e purificador, está ligado à morte e ao renascimento.

Nos princípios herméticos, o fogo possui as qualidades quente e seca, correspondentes ao meio-dia, verão, cor vermelha e sabor ardente.

Em razão de sua importância na pré-história, cuja descoberta e domínio proporcionarm a evolução humana, ele passou a ser adorado e considerado sagrado, sendo utilizado nas oferendas aos deuses, pois suas chamas se elevam aos Céus.

São inúmeros os ritos de purificação e renascimento pelo fogo. Normalmente são ritos de passagem característicos das culturas agrárias. Em sua maioria, simbolizam os incêndios nos campos onde, após a queimada, surgia o renascimento da natureza por meio de um manto verdejante.

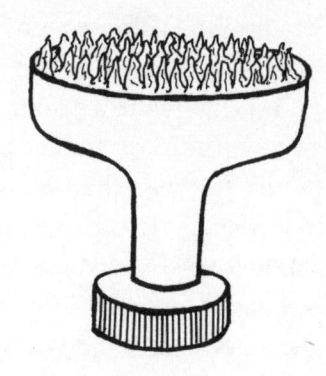

Os povos antigos conservavam e cultuavam o fogo em seus templos. Ele sempre foi adorado como força animadora, símbolo da vida e elemento sagrado. Os romanos rendiam culto ao fogo por meio da deusa Vesta e consideravam seu apagamento como um presságio funesto.

Na doutrina hindu, encontramos vários aspectos ligados ao simbolismo do fogo e representados por Agni, Inara e Surya, que são os fogos dos mundos terrestre, intermediário e celeste ou, de outra maneira, o fogo comum, o raio e o Sol.

Buda substitui o fogo sacrificial pelo fogo interior, que representa ao mesmo tempo o conhecimento penetrante, a iluminação interior e a destruição do invólucro.

Os upanixades acreditam que queimar pelo lado de fora não é queimar, resultando dessa crença o símbolo da kundalini ardente, da ioga hindu e o fogo interior do tantrismo tibetano.

De acordo com uma antiga tradição persa, o fogo sagrado jamais deverá ser soprado para não ser contaminado pelo hálito humano. Eles também possuíam uma lenda que dizia que Zoroastro conhecia uma fórmula de um fogo líquido semelhante à agua que não queimava, sendo considerado como Vida Divina.

O fogo adquire um significado sexual quando ligado a uma das primeiras técnicas utilizadas em sua obtenção, por meio do vaivém que se assemelha ao ato sexual. Mas, segundo algumas tradições, a espiritualização do fogo estaria ligada à percussão (atrito entre pedras), simbolizando os raios vindos do Céu.

No Velho Testamento, Javé escolheu o fogo em uma sarça ardente em sua revelação a Moisés (Êxodo 3,2) que liderou seu povo por meio de uma coluna de fogo (Êxodo 13,21).

Como símbolo do renascimento, o fogo consome os maus pensamentos, origem dos erros, possibilitando dessa maneira o renascimento espiritual.

As Viagens Iniciáticas

O simbolismo da viagem está relacionado com a busca da verdade, da paz, da imortalidade, da procura e da descoberta da espiritualidade.

O mundo não obteve o conhecimento por igual. A vida não surgiu em todos os lugares no mesmo instante. Em cada lugar as pessoas passaram por situações e necessidades diferentes, o que fez com que o conhecimento não fosse igual em todos os lugares do planeta.

Muitos viajaram em busca do conhecimento, mas nunca ninguém conseguiu acumular todo o conhecimento do mundo, que dirá do Universo.

O conhecimento é como o tempo; não fica estagnado, sempre está em direção ao futuro, o que faz com que a humanidade esteja sempre em evolução.

O conhecimento é uma dádiva divina. Deus proporcionou-o ao ser humano por meio de vários mecanismos extraordinários, como a observação, a inteligência, o raciocínio, a memória, a criatividade, etc.

Na realidade, as viagens são bem-sucedidas quando se realizam no interior do próprio ser. As viagens com o objetivo de fugir de si mesmo nunca são benéficas.

As viagens *post mortem* são mencionadas em várias religiões, sendo os relatos mais conhecidos os *Livros dos Mortos* egípcio e tibetano.

A viagem exprime desejo de mudança interior, uma grande necessidade de novas experiências. É algo mais representativo que o simples deslocamento físico.

Nos sonhos e nas lendas, a viagem sob a terra representa a penetração no domínio esotérico. Já a viagem ao espaço celeste, o acesso ao domínio do esoterismo; e a viagem ao inferno simboliza uma descida às origens ou ao inconsciente. Muitos acreditam que a viagem aos infernos seja uma autodefesa e não uma autopunição.

As viagens são provas físicas às quais os Candidatos são submetidos em suas iniciações. Elas simbolizam as caminhadas realizadas na Antiguidade durante as cerimônias dos Grandes Mistérios, quando os Candidatos percorriam subterrâneos cheios de perigos com a finalidade de provar sua coragem.

Na Maçonaria, as viagens possuem um significado simbólico. Representam a luta pela vida e as dificuldades em adquirir o conhecimento e a espiritualidade.

A realidade nos mostra que a vida é uma viagem, pois para muitos o mundo é uma nave sideral. Podemos viajar pelo cosmos, pela superfície da terra ou pelas profundezas dos mares, assim como pelo pensamento e pelo espírito.

A mente pode nos conduzir a qualquer parte e por esse motivo existe uma grande preocupação nos ensinamentos maçônicos com relação ao tipo de conhecimento e sua utilização. Essa preocupação se baseia na capacidade da mente em conduzir ao passado, presente e futuro em uma mínima fração de tempo, podendo levar ensinamentos corretos ou incorretos, os quais podem se acumular na memória e proporcionar transtornos irreparáveis.

A vida é um eterno mover-se, e o ser humano está constantemente em movimento, pois embora o corpo esteja parado, a mente se movimenta.

Na iniciação maçônica, a mente do iniciado viaja mais que o corpo, pois, como não possui os olhos vendados, ela pode raciocinar na tentativa de penetrar no desconhecido. Esse caráter misterioso e emblemático envolve toda a simbologia maçônica, que procura fazer com que os conhecimentos sejam compreendidos por meio da visão intelectual, uma visão que utiliza vários olhos: da atenção, do interesse, do esforço, do amor, etc.

As viagens maçônicas iniciam-se entre colunas, seguem pelo Norte, passam entre a grade do Oriente e o Altar dos Juramentos e encaminham-se para os respectivos tronos.

PRIMEIRA VIAGEM – Na primeira viagem, o Irmão Experto conduz os iniciados pela mão esquerda, percorrendo vagarosamente o caminho. Durante o percurso, o silêncio é quebrado por sons que imitam trovões simbolizando o caos. O caos representa o vazio primordial anterior à criação, época em que a ordem não havia sido imposta aos elementos do mundo.

A cosmogonia egípcia nos mostra que o caos é a situação do mundo não ordenado à espera da criação. O nome dado ao caos primitivo acredita-se ser Num, pai dos deuses do Sol, dos homens e de todas as coisas; concebido como água original da qual sairia o próprio Rá, deus maior e mais poderoso que seu criador.

Na tradição chinesa o caos é o espaço homogêneo anterior da divisão em quatro horizontes, que equivale ao início do mundo. Essa divisão marca a passagem ao diferenciado, que traz a possibilidade de orientação e é a base de toda a organização do cosmos.

O caos simboliza originariamente uma situação absolutamente anárquica que precede a decomposição das formas. Modernamente o caos simboliza a falta de conhecimento humano com relação ao mistério da existência.

O iniciado, após ter passado pelas entranhas da Terra e ter renascido, encontra-se com a mente confusa e suas ideias representam o caos do início do mundo.

As viagens acompanhadas simbolizam o ser humano recém-nascido que deve ser amparado e receber seu aprendizado.

Ao término da primeira viagem, ao iniciado se esclarece que essa viagem representa o segundo elemento, o ar, símbolo da vitalidade, emblema das paixões, dificuldades, ódios, traições e desgraças que ferem o homem virtuoso.

Também se relaciona à família, em que a criança incapaz necessita de amparo dos pais, em uma sociedade na qual a inteligência de um pequeno grupo conduz massas ignorantes e os povos mais desenvolvidos conduzem os atrasados. Um símbolo mais elevado são os mundos infinitos em números, com pesos incalculáveis, girando no meio do éter universal a velocidades vertiginosas e sujeitos a leis físicas imutáveis.

A expressão da cegueira do iniciado gera a necessidade de um guia e representa o domínio que o espírito esclarecido pelos ensinamentos maçônicos deve exercer sobre os sentimentos profanos. A elevação e espiritualização dos sentimentos do iniciado farão retirar a venda da alma, não sendo mais necessário ter um guia.

SEGUNDA VIAGEM – Na segunda viagem o caminho é mais plano e ouve-se o tinir descompassado de espadas.

Embora o iniciado tenha passado pela prova da terra, quando teve a oportunidade de renascer em uma nova condição, e pela prova do ar, quando seus pensamentos se encontravam desorganizados pelo caos, nessa segunda viagem ele ouve o tinir de espadas.

O entrechocar de armas brancas em combate mostra as dificuldades e lutas que o iniciado deverá enfrentar para vencer as paixões e formar uma nova consciência.

A espada é um símbolo militar de poderio, que possui um duplo sentido: destruidor, embora essa destruição possa ser aplicada contra a injustiça, a maldade e a ignorância, e nesse sentido sua ação é positiva; e construtor, quando estabelece a paz e a justiça.

Ela também pode ser utilizada como símbolo da guerra santa, uma guerra interior ligada ao significado da espada trazida pelo Cristo (Mateus 10,34). Sob seu aspecto destruidor e criador, é um símbolo do Verbo da palavra.

Em sua ligação com a palavra, a espada se assemelha à língua que produz dois gumes, e tanto pode ser utilizada para o bem como para o mal. A espada possui também ligações com a luz, o relâmpago e o fogo. Para os cruzados, era um fragmento da Cruz de Luz. Os anjos que expulsaram Adão do Paraíso tinham espadas de fogo, e a espada sagrada japonesa deriva do relâmpago.

TERCEIRA VIAGEM – Nessa terceira viagem, o Irmão Experto conduz o iniciado pelo mesmo caminho.

No Templo reinará o silêncio, ouvindo-se apenas música suave e lenta que cessa quando o iniciado chega ao trono do Venerável Mestre. Este coloca o malhete em seu peito e pergunta: "Quem vem lá?". "É um profano que aspira ser nosso Irmão e amigo", responde o Irmão Experto. "E como pode ele conceber tal esperança?", pergunta o Venerável. "Porque presta culto à virtude e, detestando a ociosidade, promete contribuir com seu trabalho para a liberdade, igualdade e fraternidade social e porque estando nas trevas deseja a luz", esclarece o Irmão Experto. O Venerável diz: "Pois que assim é, passe pelas chamas do Fogo Sagrado para que de profano nada lhe reste".

O Irmão Experto conduz o iniciado ao Altar dos Perfumes, onde ele é incensado por três vezes. Em seguida, leva-o até a pira, onde suas mãos devem passar por três vezes sobre as chamas.

A origem do incenso é remota e desconhecida, embora já fosse conhecida na época do Antigo Testamento.

O incenso possui a característica de harmonizar os ambientes que ficam com odor perfumado. O sentido de elevação aos Céus está focado no raciocínio, e o que agrada aos homens agrada aos deuses.

Ele está conectado ao elemento ar, que funciona como um equilíbrio entre o fogo e a água. Já as ervas utilizadas no incenso provêm da terra, o que produz uma reunião simbólica dos quatro elementos.

O incenso tem a capacidade de mudar a qualidade energética do ambiente, acalmando as pessoas, o que também contribui para a formação de uma egrégora favorável.

Existe uma ligação semelhante no ato da oferenda de incenso dos Reis Magos ao menino Jesus: eles o estavam recebendo para o mundo e nós, de outra forma, também estamos recebendo o iniciado para o mundo.

Embora a Maçonaria utilize o termo batismo de purificação, o batismo de fogo representa o batismo de Jesus Cristo pelo Espírito Santo.

Por outro lado, assim como a água proporciona o início da vida, o fogo representa o renascimento; porém, os dois representam a espiritualização do ser.

O BATISMO DE SANGUE – O Venerável informa ao iniciado que, para continuar a cerimônia, ele deve passar pelo batismo de sangue, perguntando se ele está disposto a isso. Sendo a resposta positiva, o Venerável diz que a resignação do iniciado já basta, pois o batismo de sangue não é um símbolo de purificação e sim de heroísmo.

O sangue sempre foi considerado o veículo da vida e entendido como princípio da geração. Ele simboliza os valores relacionados com o fogo e o Sol por meio do calor da vida. Também se relaciona com o belo, nobre, generoso e elevado, participando da simbologia do vermelho. Em muitas crenças, o sangue corresponde ao calor vital e corporal, sendo considerado o veículo das paixões.

O sangue possuía poderes de purificação nos mistérios de Cibele e de Mitra. Em seus cultos, os Candidatos eram batizados com sangue de um touro.

Na cultura asteca, o sangue das pessoas sacrificadas era denominado de água da pedra preciosa e considerado o alimento dos deuses, pois eles tinham dado seu sangue para criar os humanos.

No *Livro dos Mortos* egípcio, encontra-se a descrição de um alimento constituído de uma pedra semipreciosa de cor vermelha, tida como o sangue de Ísis que, segundo alguns autores, possuía o poder de restituir o sangue dos mortos.

Os gregos gotejavam sangue dentro dos túmulos com a finalidade de proporcionar força vital aos mortos. Nas antigas tradições do Camboja, o derramamento de sangue em épocas de torneios ou de sacrifícios trazia a fertilidade e felicidade, sendo um presságio de chuva.

Entre os antigos semitas havia o hábito de derramar o sangue dos animais sacrificados sobre o altar; já na Índia antiga, o sacerdote aspergia sangue dos sacrifícios sobre as paredes do Templo.

Porém, como elixir da vida, o sangue é considerado tabu e sua ingestão é proibida no Judaísmo e no Islã.

O sangue simboliza a união entre o ser humano e Deus. Por meio da simbologia do vinho na Eucaristia do Catolicismo, torna-se símbolo da salvação.

Na Maçonaria, essa parte da cerimônia tem por objetivo verificar se o iniciado tem o firme propósito de passar por todas as provas para ingressar na Ordem.

Para muitos maçons, o batismo de sangue na Maçonaria representa os laços de irmandade (irmãos de sangue); para outros, ser irmão de sangue não basta, é necessário ser irmão de fé.

Entretanto, o fato importante que não devemos esquecer é que valorosos irmãos deram seu sangue pela Ordem em ocasiões em que ela foi perseguida.

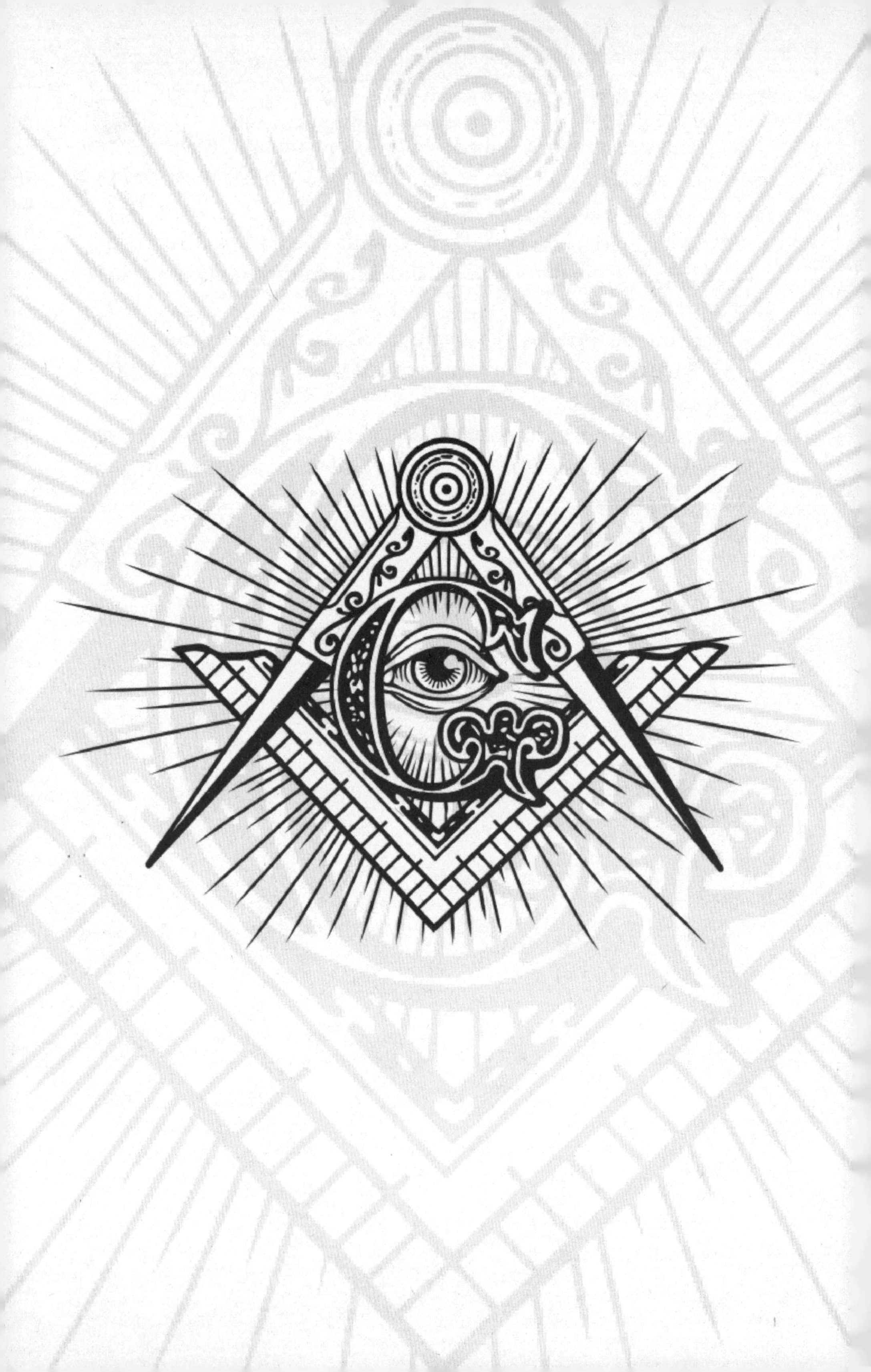

O Juramento Maçônico

Praticamente em todas as associações iniciáticas e religiosas existe um juramento que sela um compromisso a ser assumido por ambas as partes.

Muito já foi dito sobre o juramento maçônico e de outras entidades em todas as partes do mundo em várias épocas.

Normalmente os relatos se referem a pactos demoníacos em ambientes tenebrosos. A verdade é que na maioria dos casos os juramentos estabelecem um elo entre os participantes; não representam nada de extraordinário, apenas a união dos sentimentos.

Por outro lado, os juramentos, além de estabelecerem a união, revestem-se da espiritualidade das crenças.

Antes do juramento o Venerável diz ao iniciado: "Deveis como final de vossa iniciação prestar uma promessa solene, que só deve ser prestada livremente. Por isso ouvi com atenção a fórmula desse juramento que não é incompatível com quaisquer deveres morais, cívicos ou religiosos. Porém, se notardes alguma coisa que seja contrária à vossa consciência, o que não cremos, declarai com franqueza.

O juramento maçônico é público para os maçons e feito dentro do Templo diante dos presentes em voz alta. Ele estabelece um compromisso entre quem o presta e quem o recebe.

No juramento maçônico, quem jura não é o profano. É quem está sendo iniciado ou em quem os Irmãos presentes depositaram confiança após ele ter passado por todas as provas.

A fórmula do juramento diz respeito às boas atitudes que o iniciado deve ter ao ingressar na Ordem. A maioria dos quesitos se refere ao comportamento correto tanto em relação à Ordem como à pátria, à família e aos seus semelhantes.

O juramento maçônico não é um juramento comum; é algo antigo e sagrado prestado sobre o Livro da Lei no Altar dos Juramentos.

O Livro da Lei no qual o iniciado coloca sua mão direita para fazer o juramento pode ser a Bíblia, a Torá, o Alcorão ou outro livro sagrado de alguma outra religião admitida na Maçonaria.

A escolha do Livro Sagrado está relacionada com a maioria de adeptos da religião dentro da Loja. Os demais Irmãos de outras religiões têm conhecimento dessa norma e também sabem que todos os Livros Sagrados devem ser respeitados.

Embora se denomine Livro da Lei, não pode ser um código de leis profanas, pois o juramento envolve o testemunho da Divindade.

Na iniciação, na elevação e na exaltação maçônicas que correspondem aos três graus, Aprendiz, Companheiro e Mestre, existem juramentos. Em cada um deles temos o sinal de Ordem correspondente ao Grau. Dessa forma, em cada momento que o maçom tiver de ficar na Ordem, estará reafirmando o juramento e ativando a espiritualidade.

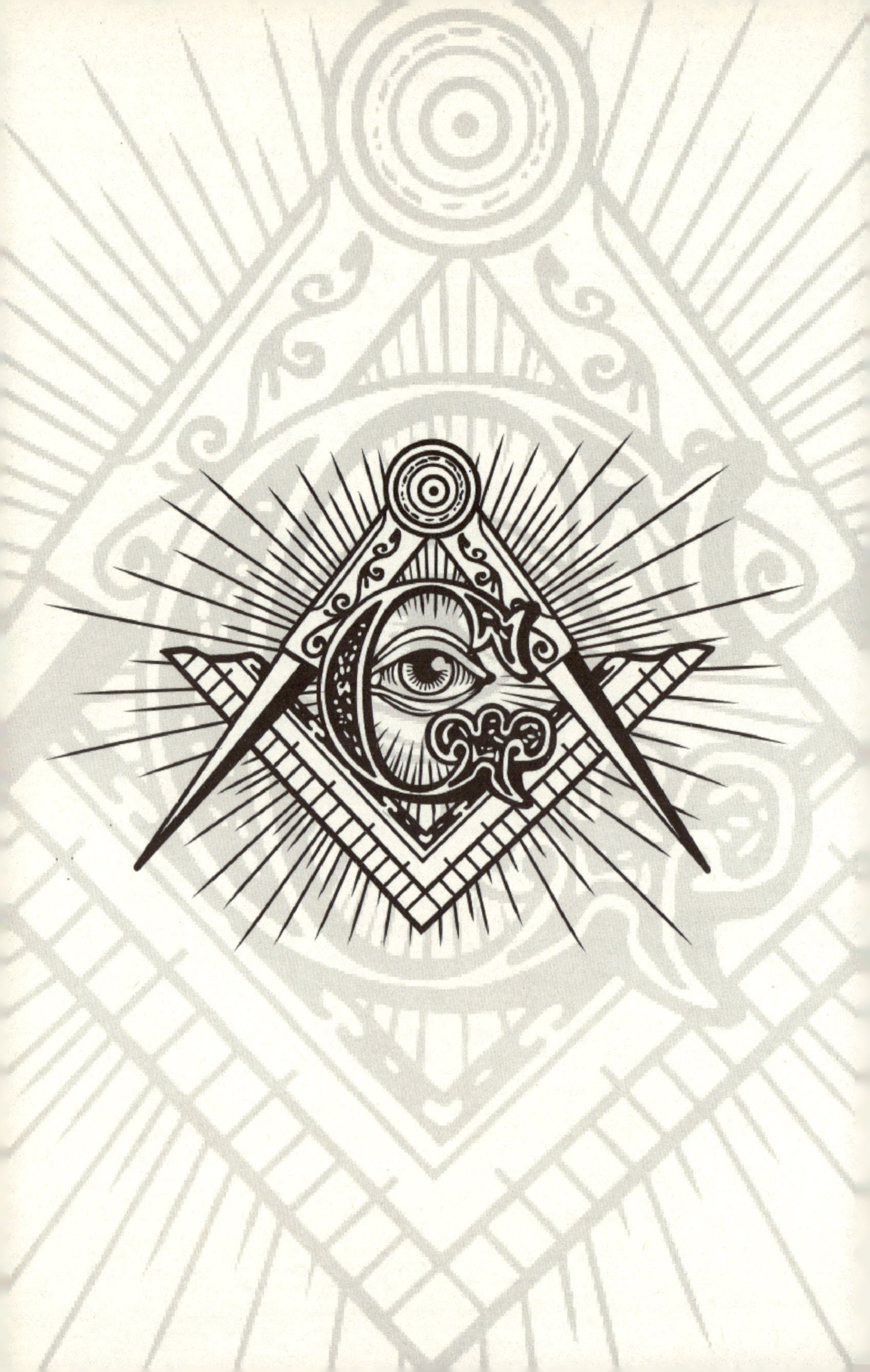

A Verdadeira Luz

Após o juramento, o iniciado é conduzido para entre colunas. Estando as luzes do Templo apagadas, o Venerável pergunta: "Irmão Primeiro Vigilante, sobre o que se apoia uma das colunas deste Templo agora que a coragem e a perseverança do iniciado fizeram-no sair vitorioso do disputado combate interior entre o homem profano e o homem maçom, que pedis em seu favor?". O Irmão Primeiro Vigilante responde: "Luz, Venerável Mestre". O Venerável continua: "No princípio do mundo, disse o Grande Arquiteto do Universo: 'Faça-se a Luz'", e bate com o malhete no trono. Os Irmãos Primeiro e Segundo Vigilantes também batem seus malhetes nos tronos.

O Venerável diz: "E a luz foi feita", e bate novamente o malhete no trono, e os Irmãos Vigilantes fazem o mesmo. O Venerável diz: "Que a luz seja dada", e novamente todos batem os malhetes nos tronos. Nesse instante, estando todas as luzes do Templo apagadas, o Irmão Mestre de Cerimônias desvenda vagarosamente os olhos do iniciado e a luz reaparece no Templo, ouvindo-se música suave.

Estando o iniciado desvendado, o Venerável diz: "Sic Transit Glória Mundi", que significa: Assim passa a glória do mundo.

Essas palavras, tiradas do obra *Imitação de Cristo*, livro I, cap. 3, são pronunciadas por três vezes nas cerimônias de posse dos papas para lembrar a brevidade das pompas deste mundo, e são repetidas na Maçonaria para advertir os futuros maçons.

As espadas apontadas para o iniciado após ele receber a luz significam que todos os maçons serão amigos dedicados e leais, verdadeiros Irmãos prontos para ajudar nos transes mais difíceis da vida.

A luz sempre foi entendida em todas a cerimônias esotéricas como a manifestação da Divindade. Na iniciação maçônica, a luz está relacionada ao início do mundo relatado na Bíblia, quando "Deus disse: 'Haja luz', e houve luz, e viu Deus que era boa a luz e fez separação entre a luz e as trevas" (Gênesis 13,4).

Dessa forma, a luz representa o primeiro aspecto do mundo informe onde, relacionada com a obscuridade, simboliza os valores alternantes da futura evolução. Seu significado também pode se relacionar com a vida humana, que passa de uma época sombria para uma época luminosa pura e regenerada.

O simbolismo da saída das trevas, além de ser encontrado nos rituais de iniciação, está presente nas mitologias da morte, em que a semente enterrada nas trevas sairá iniciada em uma nova planta.

A iluminação iniciática é recebida por intuição direta, sem intermediários deformantes, e é transformada em luz do conhecimento. Esse fato faz com que a iniciação seja secreta e única em cada iniciado. Por essa razão, o verdadeiro segredo maçônico é a luz da iniciação que ilumina cada iniciado de uma maneira diferente, mas conduz todos ao mesmo caminho.

A luz na iniciação maçônica significa a iluminação da mente cujo objetivo é a compreensão da vida. Para a Maçonaria, a luz representa a verdade e o conhecimento; por essa razão, os maçons são chamados de "filhos da Luz".

Com base nas tradições e mitologias antigas, a luz procedia das trevas e o Sol era filho da noite. Para a Maçonaria, a luz simboliza a verdade e as trevas (*tenebrae*), o símbolo da iniciação de onde surgiu a *Lux ex Tenebris* ou a Luz sai das trevas, uma das representações simbólicas da iniciação.

Ao receber a verdadeira luz na iniciação maçônica, o iniciado recebe a iluminação interior, que possibilita por meio de seu esforço pessoal encontrar a relação que une o homem à Divindade.

A relação da luz material com a iluminação mental é manifestada em quase todos os sistemas religiosos e nos mistérios esotéricos. O que nos mostra que a luz sempre foi adorada como fonte do bem e a escuridão como causa do mal. Os cabalistas judeus acreditam que a primeira manifestação da luz dentro do abismo da escuridão foi denominada Adão Kadmon, o primeiro homem.

Pitágoras difundiu a doutrina dos dois princípios antagônicos. O primeiro, denominado luz, era simbolizado pela mão direita representando a igualdade, estabilidade e a linha reta; o segundo, denominado binário, era simbolizado pela mão esquerda representando a escuridão, a desigualdade, a instabilidade e a linha curva. Com relação às cores, o branco representava o bem e o preto, o mal.

No *Bhagavad Gita* encontramos: "A luz e a escuridão são consideradas os eternos caminhos do mundo; aquele que caminha dentro da primeira senda não volta, entra imediatamente na bem-aventurança; já o que caminha na última retorna à Terra". (Uma alusão à reencarnação).

A Tábua de Esmeralda atribuída a Apolônio de Tiana ou Hermes Trismegisto, considerada uma tábua da lei para os herméticos e os alquimistas, evoca a criação do mundo pela luz: "A primeira coisa que apareceu foi a luz da palavra de Deus. Ela fez nascer a ação; esta deu origem ao movimento, este ao calor".

No Egito antigo, o deus Seth simbolizava a luz maligna das trevas e o deus Anúbis, a luz vivificadora e grandiosa de onde sai o Universo, sendo a que introduz as almas no outro mundo.

Na Bíblia encontramos a luz simbolizando a vida, a salvação e a felicidade dadas por Deus (Salmos 4,6).

"Senhor, exalta sobre nós a luz do teu rosto" (Salmos 27,1); "O Senhor é a minha luz e a minha salvação; a quem temerei" (Salmos 36,9); "Porque em ti está o manancial da vida; na tua luz veremos a luz" (Salmos 97,11); "A luz semeia-se para o justo e a alegria, para os retos de coração"(Isaías 2,5); "Andemos na luz do senhor" (Isaías 9,2); "O povo que andava em trevas, viu uma grande luz, e sobre os que habitavam na terra da sombra da morte resplandeceu uma luz" (Isaías 60 19,20); "O senhor será a tua luz perpétua"(Lucas 2,32).

Encontramos também a claridade de Deus dissipando as trevas: "Para abrir os olhos cegos, para tirar da prisão os presos e da casa do cárcere os que jazem em trevas" (Isaías 42,7). "Levanta-te, esclarece, porque já vem a tua luz e a glória do Senhor já vai nascendo sobre ti" (Isaías 60,1). Também nas tradições do Islã, a luz é o símbolo da Divindade. O Corão nos diz: "Deus é a luz dos Céus e da Terra. Sua Luz é como um nicho num muro onde (se encontra) uma lâmpada; e a lâmpada está em um vidro, e o vidro é como uma estrela brilhante. Ela está acesa (com óleo) de uma árvore benta, uma oliveira que não é nem do Oriente nem do Ocidente; esse óleo está aceso e brilha sem que o fogo nele tenha sido colocado: é luz sobre luz. Deus guia para a Sua Luz aquele que Ele deseja. E Deus propõe aos homens parábolas: porque Deus conhece todas as coisas" (24,35).

Na Maçonaria, a luz representa uma simbologia variada e muito significativa. Além de ser revelada ao iniciado, continua presente em sua vida maçônica por meio dos vários significados que ela assume:

• As grandes luzes – Delta Sagrado e Estrela Flamígera.

• Luzes Místicas – No Altar dos Juramentos representando a onipresença, onisciência e a onipotência de Deus e por meio da lâmpada mística.

- As luzes morais – O Livro da Lei, o esquadro e o compasso.
- As luzes de sustentação da Loja – Venerável e Vigilantes.
- Luzes ornamentais – Representadas pelas estrelas.

Os maçons também datam seus documentos pelos anos da Verdadeira Luz. Acrescentam 4 mil anos ao calendário profano, simbolizando dessa forma a data em que o Espírito da sabedoria começou o mundo.

Após o iniciado ter passado pelas provas, feito o juramento e recebido a Verdadeira Luz, ele assume a condição de um Templo Vivo à espera da Sagração.

A Sagração é realizada pelo Venerável. Ele utiliza a Espada Flamígera que possui a lâmina ondulada como uma língua de fogo. Quando empunhada com a mão esquerda, transforma-se em um instrumento de transmissão iniciático. Ao tocar o iniciado e receber três golpes de malhete com a mão direita, representando o lado ativo, transmite o poder criador da espiritualidade.

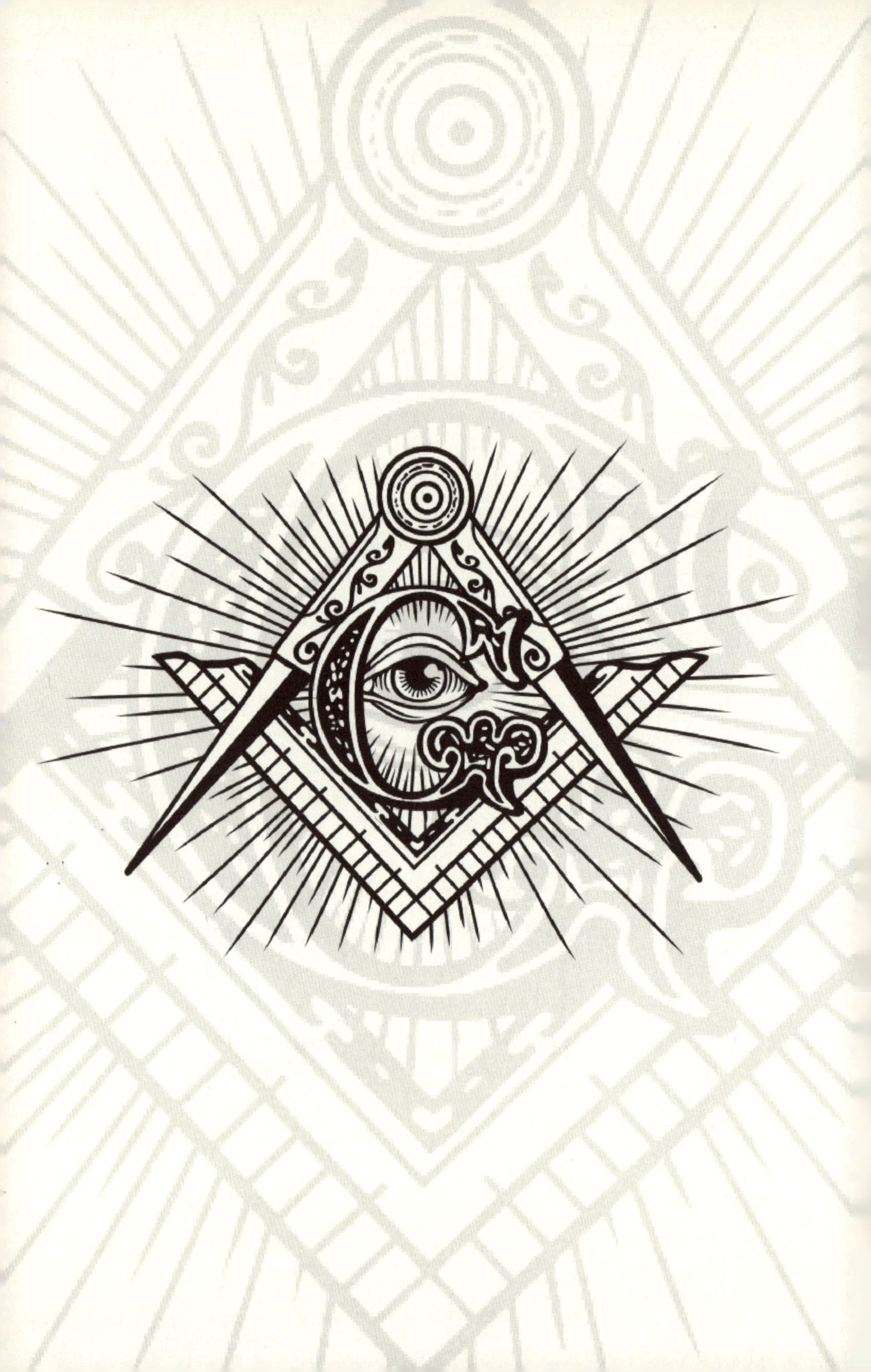

O Reconhecimento

Após a Sagração, o iniciado é conduzido para fora do Templo a fim de se recompor e entrar pela primeira vez de forma ritual sem a venda nos olhos.

Nesse momento, o Venerável pede a atenção de todos, bate com o malhete no trono e diz: "Proclamo pela primeira vez o Irmão como Aprendiz Maçom e membro ativo desta Augusta e Respeitável Loja sob os auspícios da Potência Maçônica correspondente. Convido todos os Irmãos a reconhecerem-no como tal e lhe prestarem auxílio e socorro em todas as ocasiões em que ele necessitar".

Os Irmãos Vigilantes respectivamente fazem a mesma convocação.

O Venerável retorna a palavra: "Felicitemo-nos, meus Irmãos, pela aquisição do novo Obreiro e amigo que vem abrilhantar as Colunas desta Loja, auxiliando-nos em nossos trabalhos e cultivando conosco as afeições fraternais".

Embora o reconhecimento possa ser feito por sinais, toques e palavras, na iniciação é um ato espiritual.

Na realidade, o reconhecimento não se resume a um auxílio em caso de necessidades, pois esse procedimento deve ser feito com todos os seres humanos. O auxílio deve se estender ao lado espiritual, motivo de toda a existência futura.

O desenvolvimento da espiritualidade é o verdadeiro objetivo da Maçonaria.

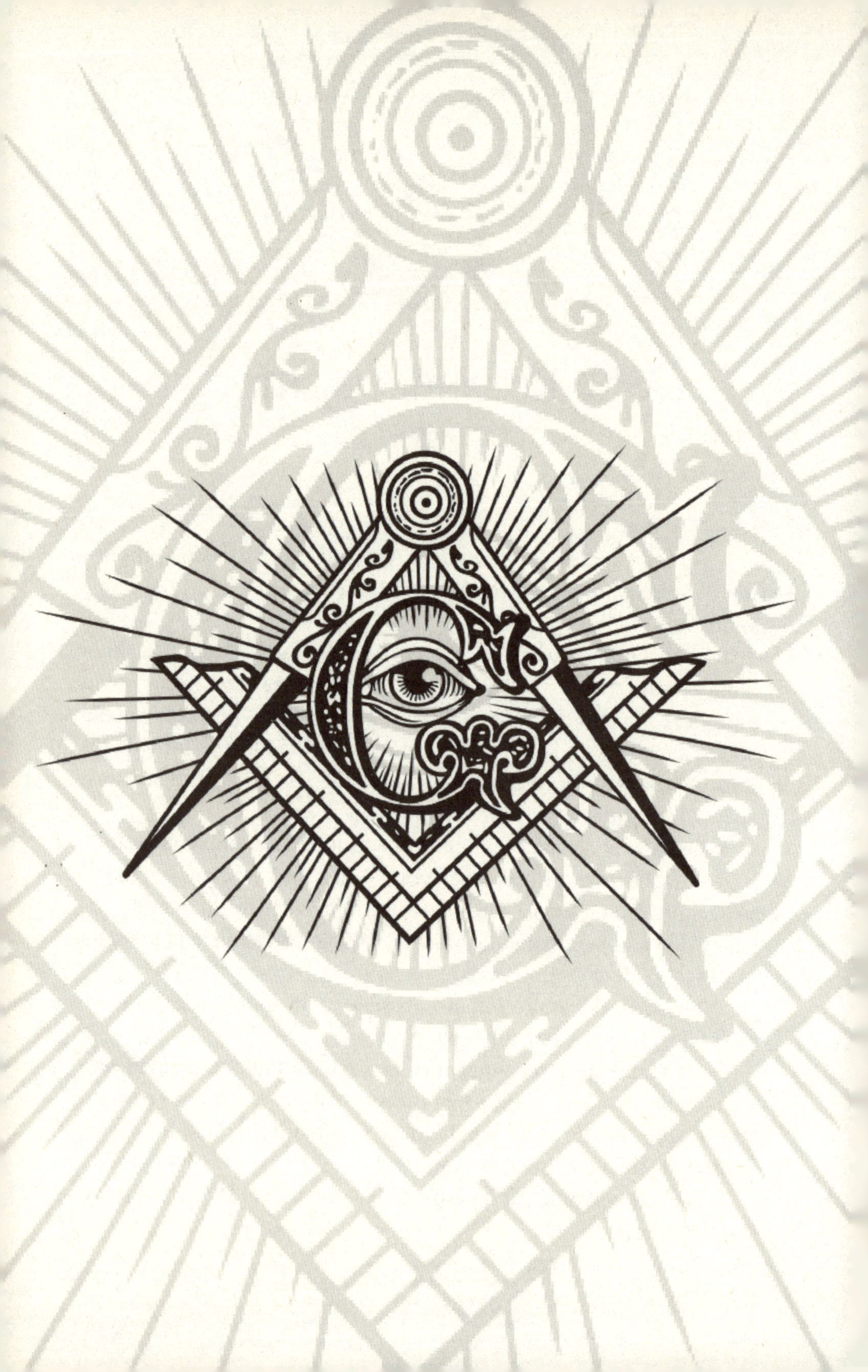

O Início do Mundo

A maioria dos estudiosos da história da humanidade acredita que o início do mundo começa na Suméria por causa da descoberta da escrita. A escrita sumeriana foi encontrada em tabletes de argila, onde os caracteres eram gravados com uma pinça em forma de cunha, recebendo por essa razão o nome de cuneiforme.

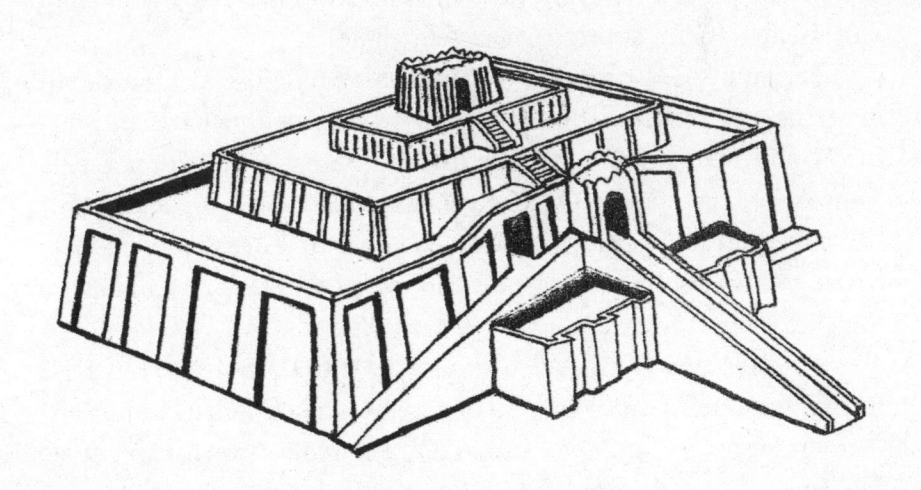

Além da invenção da escrita, eles nos deixaram outros legados importantes, como a roda que foi amplamente utilizada na arte militar em carros de combate armados com lanças e dardos em que os soldados usavam armaduras de cobre.

Criaram também diques e barragens por onde escoava a água destinada à agricultura por canais.

Outra criação foi o código de leis do rei de Ur Nammu, anterior ao famoso código de Hamurabi.

Suas construções eram feitas com blocos de tijolo. Com esse material, construíram grandes Templos em forma de pirâmides, chamados zigurates. Esses Templos tinham a função de se elevar aos Céus, e o exemplo mais conhecido é o de Marduk, Torre de Babel.

Eles também desenvolveram um grande conhecimento astronômico, principalmente ligado aos equinócios. Construiram cidades-estados, dentre as quais podemos destacar: Nippur, Ur, Kish, Uruk, Cagash e Eridu.

No campo religioso, os sumérios eram politeístas. As divindades eram ligadas à natureza (sol, chuva, vento, trovão) e também a sentimentos (ódio, amor, tristeza, felicidade).

Na Suméria, prevalecia o simbolismo religioso do touro, em que a insígnia característica dos seres divinos era uma tiara com chifres. Dessa forma, a modalidade divina definia-se pela força e pela transcendência espacial. O trovão era assimilado ao mugido dos touros, e a estrutura celeste representada por uma estrela que precedia o ideograma dos deuses, considerados seres celestes que irradiavam uma luz muito forte.

A tríade dos grandes deuses era constituída por Na, Em-Lil e Em-ki. An, que significa céu, é o deus soberano ou o mais importante do panteão; era um deus antigo. Os que mais se tornaram atuais são Em-Lil, deus da atmosfera, e Em-Ki, Senhor da Terra, deus dos fundamentos.

Algumas narrativas antigas relativas à criação revelam que a deusa Nammu, cujo pictograma designa o mar primordial, é apresentada como mãe que gerou o Céu e a Terra e a avó que deu à luz todos os deuses. Também gerou o primeiro casal: An, o Céu, e Ki, a Terra, encarnando os princípios masculino e feminino. Existem quatro narrativas que explicam a origem do homem, embora possa existir uma pluralidade de tradições.

Um mito relata que os primeiros seres humanos brotaram da terra como plantas. Segundo outra versão, o homem foi fabricado com argila por alguns operários divinos; em seguida, a deusa Nammu modelou o coração e Em-Ki concedeu a vida. Em outros textos, a deusa Aruru é considerada a criadora dos seres humanos. Por último, na quarta versão, o homem foi formado com o sangue de dois deuses Langa imolados com essa finalidade.

De acordo com algumas versões sumerianas, o homem primitivo partilhava de substâncias divinas: o sopro vital de Em-Ki e o sangue dos deuses Langa, o que significava que não existia uma enorme distância entre as divindades e a condição humana. Na verdade, para eles o homem foi criado para servir aos deuses, pois eles necessitavam ser alimentados e vestidos. Dessa maneira, o culto era concebido como um serviço aos deuses, mas nem por isso os homens eram escravos dos deuses.

Os sacrifícios consistem em oferendas e homenagens nas celebrações de festas nas cidades por ocasião do Ano-Novo ou construção de um templo.

Aos poucos houve uma infiltração de grupos nômades vindos do deserto da Síria que falavam uma língua semita, o acadiano. Na metade do III milênio, os acadianos, chefiados pelo famoso Sargão, impuseram sua supremacia às cidades da Suméria; porém, mesmo antes da conquista ocorreu uma simbiose sumério-acadiana que aumentou muito após a união dos dois países.

Mas o império de Sargão desmoronou em um século, em consequência do ataque dos gutis bárbaros que viviam como nômades na região do alto Tigre. Esse domínio também só durou um século, sendo substituído pelos reis da terceira dinastia de Ur. Durante esse período, a civilização sumeriana atingiu seu auge, mas foi a derradeira manifestação do poder político da Suméria.

Por aproximadamente dois séculos a Mesopotâmia permaneceu dividida em vários estados, com o Império Hamurabi mais para o norte. Essa dinastia durou menos de um século. Os cassitas desceram do norte e venceram os amoritas, permanecendo na Mesopotâmia por quatro séculos.

Embora o sumério deixasse de ser falado, conservou sua função de língua litúrgica e culta por mais de 15 séculos.

A *Epopeia de Gilgamesh* é a mais famosa e popular criação babilônica de cunho iniciático.

O herói Gilgamesh, rei de Uruk, já era célebre na versão sumeriana de sua vida legendária. Mas foram os acadianos que compuseram uma das mais comoventes histórias da busca da imortalidade ou o fracasso final de uma empreitada que possuía todas as possibilidades de êxito.

Essa saga começa com os excessos eróticos de um misto de herói e tirano que revela a inaptidão das virtudes heroicas em transcender a condição humana, embora fosse filho da deusa Ninsum e de um mortal (sumo sacerdote da cidade de Uruk).

Podemos ver na *Epopeia de Gilgamesh* uma ilustração dramática da condição humana perante a morte. Ela proclama a precariedade da condição humana e a impossibilidade, até mesmo para um herói, de adquirir a imortalidade. O homem foi criado mortal unicamente para servir aos deuses.

A distância entre os homens e os deuses mostra-se intransponível. No entanto, o homem não está sozinho em sua solidão. Ele partilha um elemento espiritual que podemos chamar de divino: é seu espírito Ilu ou, literalmente, Deus.

O homem sabe que faz parte de um Universo unificado onde existe a comunicação com o Céu. As inúmeras cidades e santuários chamavam-se Elo entre o Céu e a Terra. Um sistema complexo de correspondências entre o Céu e a Terra tornava possível a compreensão das realidades terrestres e a influência dos acontecimentos celestes.

Por outro lado, o pensamento religioso acadiano criou a adivinhação e a multiplicação das práticas mágicas e o desenvolvimento das disciplinas ocultas.

Para eles, cada planeta correspondia a um metal e uma cor; todo o colorido estava sob a influência de um planeta. Como cada planeta pertencia a um deus, ao manipular um objeto metálico ou uma pedra de determinada cor o acadiano estava sob a proteção de um deus.

Já as correspondências planetárias representam o fundamento das correspondências zodiacais de acordo com a teoria astrológica. Os planetas são simbolizados por cores relacionadas ao seu domínio zodiacal.

Foram criadas numerosas técnicas divinatórias, sendo a maior parte desenvolvida na época acadiana. Elas permitiam o conhecimento do futuro e dessa forma podiam evitar desventuras de toda a natureza. A diversidade das técnicas e o número de referências encontradas atestam o prestígio que a mântica mantinha em todas as camadas sociais.

O método mais complicado era o Extispicium, baseado no exame das entranhas da vítima; outra denominada Lecanomancia consistia em derramar óleo sobre a água ou água sobre o óleo e interpretar os sinais que resultavam das imagens produzidas pelos líquidos.

Já a astrologia era praticada entre as pessoas mais abastadas, normalmente vivendo em volta dos soberanos.

A interpretação dos sonhos foi muito utilizada principalmente no que diz respeito aos presságios funestos.

As técnicas divinatórias em sua maioria procuravam encontrar os sinais que se decifravam utilizando determinadas regras tradicionais.

O mundo podia ser compreendido por meio de estruturas definidas e governadas por leis. Quando se decifravam os sinais, o futuro era conhecido; dessa maneira, o tempo poderia ser dominado e acontecimentos futuros poderiam ser revelados no presente.

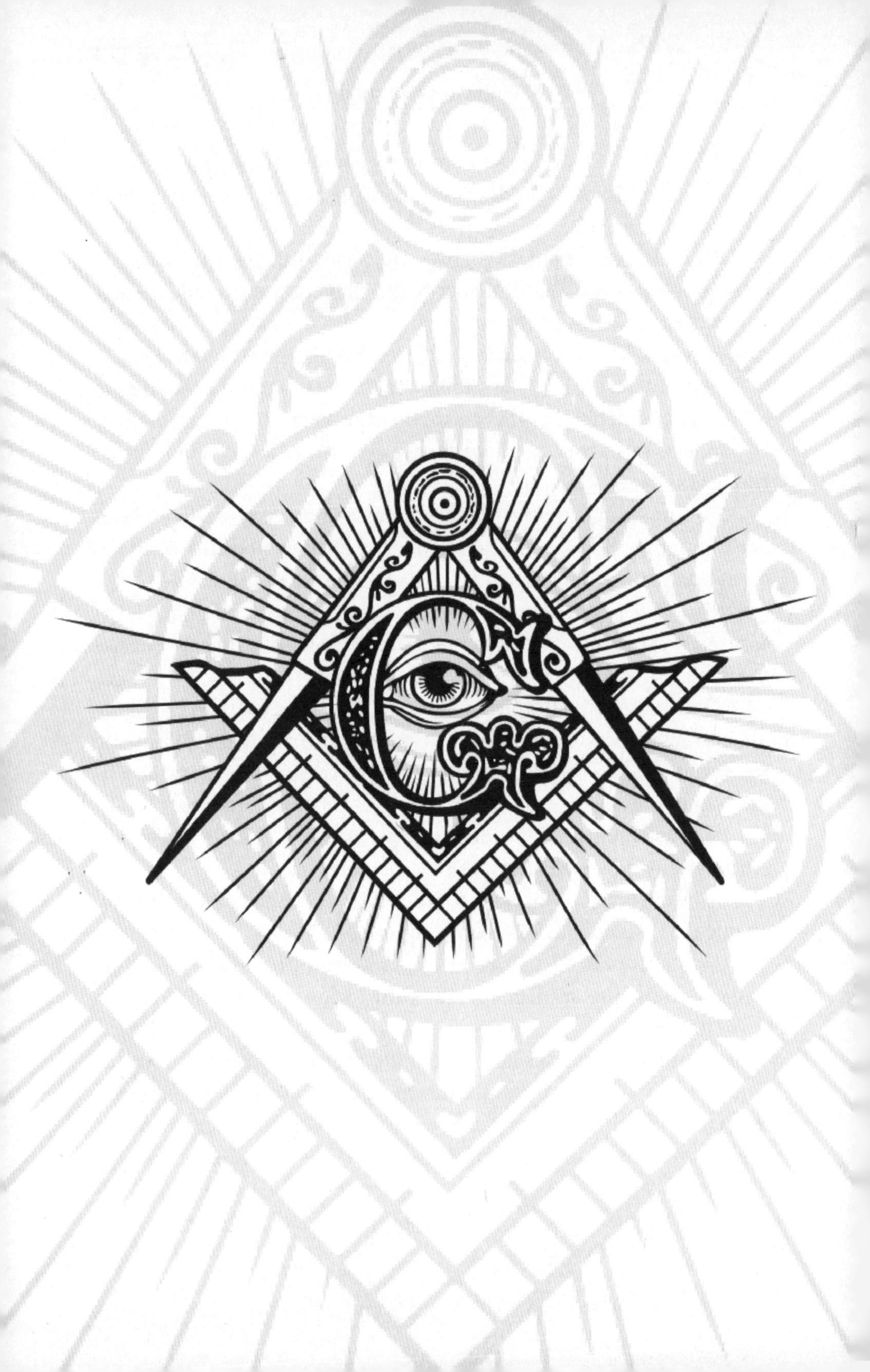

A Astrologia

A astrologia é tida como a linguagem científica mais antiga da humanidade. Segundo historiadores, deve ter surgido há mais de 4 mil anos na região da Babilônia (caldeus, sumerianos, assírios).

Ela teve uma enorme influência em todas as épocas, podendo até ser considerada como o mais avançado movimento intelectual do passado, anterior a todas as ciências.

Em virtude de suas ligações relacionadas às superstições, foi perseguida através dos tempos, mas continua ativa, mantendo seus princípios. Pacientemente tem procurado se desvencilhar da fama de arte adivinhatória para se firmar como ciência. Atualmente, a Ciência Astrológica é reconhecida mundialmente e seus estudos fazem parte de universidades em todo o mundo.

Quando o ser humano se interessou pelo Universo, ficou impressionado com suas dimensões e maravilhado com o Sol, a Lua, os planetas e as estrelas.

Como começou a realizar observações noturnas dos corpos celestes, percebeu que os astros mudavam de posição em relação ao nascer do sol e que após algum tempo voltavam ao mesmo ponto observado anteriormente. Logo perceberam que determinados grupos de estrelas nasciam logo acima do horizonte antes do nascer do sol (nascimento helíaco), e que esse fato se repetia em períodos importantes, como o nascimento de crias nos rebanhos, ocorrência de chuvas, germinação das culturas agrícolas e outros acontecimentos em suas vidas.

Suas observações eram cada vez mais complexas, e o registro dos fatos astronômicos importantes passou a fornecer orientação em suas atividades. Dessa forma, conforme o acontecimento planetário, era hora de plantar ou levar os rebanhos para outras pastagens ou era tempo de cruzar os animais.

Com o tempo, passaram a identificar os grupos de estrelas com nomes próprios relacionados às suas atividades cotidianas, o que resultou no nome dos signos.

• Áries – Criadores de gado de pequeno porte, podiam observar a correspondência entre a volta da primavera, a transformação dos pastos com o aumento do rebanho.

• Touro – Nome oriundo dos criadores de gado de grande porte da Ásia Menor.

• Gêmeos – Este signo é encontrado em textos cuneiformes, onde um dragão bicéfalo se transforma em dois homens.

• Câncer – Possuía uma imagem de lagostim e mudou para um caranguejo.

• Leão – Na Babilônia, relacionava-se ao demônio e passou a representar o animal símbolo dos reis da Mesopotâmia.

• Virgem – Na Babilônia, a deusa da fertilidade era uma virgem de nome Ishtar.

• Libra – Correspondia ao guardião da balança ligado aos mercadores da Mesopotâmia.

• Escorpião – Animal muito temido na Babilônia por ter provocado a morte de vários reis. Na Acádia, era chamado de Girtab (aquele que morde).

• Sagitário – Os babilônios o viam como uma figura híbrida; já os gregos o consideravam um centauro.

• Capricórnio – Na Mesopotâmia, era considerado um ser duplo com formato de peixe-cabra; os gregos consideravam apenas uma cabra.

• Aquário – Na Babilônia, representava um homem ajoelhado com uma ânfora vertendo água.

• Peixes – Oriundo dos pescadores dos rios Tigre e Eufrates que verificaram a correspondência entre a constelação e a época da desova nos rios.

Convém saber que a astrologia ensina sobretudo o mecanismo do Universo e a marcha do futuro como consequência do passado e do presente, porque o destino, a vontade e a providência se relacionam por causa da ação combinada da fatalidade, da liberdade e da providência (inteligência superior).

A astrologia pura calculava as revoluções e os movimentos cíclicos do Universo para determinar sua rota futura, tendo por base o passado. Essa previsão era efetuada pela observação dos diversos astros cujas posições principais deviam produzir uma série analógica de acontecimentos planetários e terrestres.

Porém, para a astrologia, o Universo deve ser considerado como um ser, um organismo dirigido pela lei da analogia que estabelece que a natureza é semelhante.

A astrologia também tem por base a animação do Universo, onde planetas absorvem o fluido solar em parte de seus hemisférios, originando o dia e a noite, que correspondem a uma aspiração e expiração humana.

Dessa forma, o fluido solar é reparador e vivificante, atuando no espaço estrelar como um organismo da natureza.

Por outro lado, a astrologia em seus prognósticos considerava o movimento do Céu e a situação dos astros para formar o tema genético dos impérios, das nações, das cidades e dos simples indivíduos, e concluir sobre o ponto de partida na rota temporal da existência que determina os acontecimentos felizes ou infelizes.

Para atingir esse resultado, a astrologia estabelecia que o futuro é um retorno ao passado, onde a natureza é a mesma em toda parte.

Esse princípio revelava que a revolução dos astros derivava de uma esfera já percorrida, sendo do domínio do destino. Pode ser calculada, já que a relação analógica existente entre a esfera sensível dos mundos e do passado e a esfera intelegível do futuro permitia inferir de uma à outra, do passado ao futuro, na genética dos mundos das raças e dos homens.

Em cada mudança de Lua o número de doentes aumenta, assim como as crises agudas de febres. Segundo as tradições, os loucos divagam conforme a Lua e os cães ficam alterados com sua claridade. Os camponeses dizem que as batatas ficam verdes após serem colhidas e expostas algumas horas ao luar e que as madeiras da construção devem ser cortadas no período de declínio da Lua. Segundo a astrologia, podemos estabelecer o seguinte:

1 – A situação dos astros em um lugar e em um determinado momento indica um temperamento físico e moral.

2 – Não temos somente tal caráter porque nascemos sob um determinado Céu. Na verdade, nascemos sob este Céu porque temos um caráter atávico esboçado na gestação.

As influências astrais no momento do nascimento resumem as influências atávicas que operam durante a gestação e as que operam durante a vida.

Nas situações terapêuticas, os astros também predestinam, mas não determinam. Elas indicam que o indivíduo pode contrair determinada doença, porém que ele poderá usar o livre-arbítrio e prevenir. Ele pode prevenir determinadas moléstias desde que se previna com pedras, plantas, animais, perfumes e cores relativas ao seu signo, extraindo deles os componentes necessários à prevenção. Dessa forma, comprar um perfume ao acaso é tão absurdo como tomar um medicamento qualquer.

Cada ser deve buscar o que lhe convém ou, de outra maneira, o que lhe faz bem.

Sabendo-se que tudo vive, minerais, vegetais e animais, e que todos estão submetidos à influência astral e que tudo está interligado e preso pela mesma atração, assim como o movimento de uma molécula que pode repercutir por pequena que seja no Universo inteiro, poderemos compreender que existem poderes que estabelecem correspondências zodiacais e planetárias.

- Correspondências zodiacais entre signos, cores, pedras e natureza humana.

Signos	Cores	Pedras	Natureza Humana
Áries	vermelho-fogo	calcedônia	aspiração
Touro	verde-sombrio	esmeralda	integração
Gêmeos	marrom	sárdonix	vivificação
Câncer	prata	sardônia	expansão
Leão	ouro	crisólita	intrepidez
Virgem	multicor	berilo	adaptação
Libra	verde-água	topázio	equilíbrio
Escorpião	vermelhão	crisoprásio	criatividade
Sagitário	azul-celeste	jacinto	administração
Capricórnio	preto	ametista	discernimento
Aquário	cinza	jaspe	lealdade
Peixes	azul-marinho	safira	compreensão

- Correspondências planetárias entre planetas, cores, metais, pedras e sentidos.

Planetas	Cores	Metais	Sentidos
Sol	ouro	ouro	percepção
Lua	prata	prata	visão
Mercúrio	multicor	mercúrio	palavra
Vênus	verde	cobre	gosto
Marte	vermelho	ferro	tato
Júpiter	azul	estanho	olfato
Saturno	preto	chumbo	audição

• Correspondências planetárias dos costumes (virtudes teologais – pecados capitais)

Planetas	Virtudes	Vícios
Sol	fé	orgulho
Lua	esperança	inveja
Mercúrio	caridade	avareza
Vênus	temperança	luxúria
Marte	força	cólera
Júpiter	justiça	gula
Saturno	prudência	preguiça

• Correspondências planetárias dos animais.

Planetas	Quadrúpedes	Aves	Peixes
Sol	leão	águia	sombra
Lua	gato	cisne	caranguejo
Mercúrio	macaco	papagaio	peixe-voador
Vênus	touro	pomba	foca
Marte	lobo	galo	raia
Júpiter	elefante	pavão	delfim
Saturno	bode	morcego	molusco

Também existem energias voltadas à qualidade e ao movimento denominadas Cardinal, Fixa e Mutável.

Essas energias podem ser classificadas da seguinte maneira:

• CARDINAL – Energia iniciadora e ativa. Diante de um obstáculo as pessoas cardinais tentam fazer algo, pois suas energias são voltadas para fora ou para solucionar problemas.

• Signos cardinais e suas qualidades:

Áries – Iniciativa pessoal.

Câncer – Iniciativa em relação a emoções, sentimentos.

Libra – Iniciativa em relação a lidar com pessoas.

Capricórnio – Iniciativa profissional.

- FIXA – Energia conservadora ligada à resistência diante de um obstáculo. Os fixos esperam e enfrentam, pois suas capacidades são voltadas para dentro, resistindo exteriormente aos fatos.
- Signos fixos e suas qualidades:

Touro – Conserva valores pessoais e busca a espiritualidade.
Leão – Conserva a personalidade pela firmeza pessoal.
Escorpião – Conserva sensações, intuições e sentimentos.
Aquário – Conserva ideias e diferenças.

- MUTÁVEL – É a energia da mudança e adaptação.

Os mutáveis vão de uma direção a outra buscando ideias novas e reaproveitando o existente. O mutável nem inicia nem resiste diante de um obstáculo, ele contorna.

- Signos mutáveis e suas qualidades:

Gêmeos – Mente sempre em mutação.
Virgem – Busca o aperfeiçoamento.
Sagitário – Busca novas metas.
Peixes – Sentimentos e sensações em eterna mutação.

Encontramos as influências astrológicas relacionadas ao microcosmo por meio das quatro regras de conduta dos maçons e dos quatro elementos.

- Quatro regras de conduta:

Calar – Terra quadrante da primavera.
Querer – Fogo quadrante do verão.
Ousar – Ar quadrante do outono.
Saber – Água quadrante do inverno.

- Quatro elementos:

Fogo – Representa a intuição e ilumina a escuridão; não tem forma nem tamanho; é volátil e imprevisível, correspondendo também ao espírito.

Terra – Representa a sensação e a percepção das coisas de acordo com a realidade. É prática, objetiva, concreta e teme a desordem.

Ar – Ligada ao pensamento, à elaboração das ideias, ao raciocínio, à abstração e à vontade de ser único.

Água – Ligada ao sentimento, à vida emocional, possuindo instinto de fertilidade e mediunidade.

Nos Templos maçônicos, podemos encontrar na disposição das colunas um equilíbrio entre todas as energias, assim como entre as polaridades feminina e masculina.

Colunas Zodiacais Maçônicas

ÁRIES – fogo – masculino – cardinal.
Na Maçonaria, é o ardor iniciático em busca da Iniciação.

TOURO – terra – feminino – fixo.
Na Maçonaria, tem início a elaboração interior
O iniciado é admitido às provas.

GÊMEOS – ar – masculino – mutável.
Na Maçonaria, a vitalidade construtiva conduz o iniciado a receber a luz.

CÂNCER – água – feminino – cardinal.
Na Maçonaria, o iniciado assimila as lições.

LEÃO – fogo – masculino – fixo.
Na Maçonaria, tendo completado sua tarefa construtiva, julga internamente as ideias assimiladas.

VIRGEM – terra – feminino – mutável.
Na Maçonaria, o iniciado começa o trabalho de desbastar a Pedra Bruta.

BALANÇA – ar – masculino – cardinal.
Na Maçonaria, o Companheiro inicia o seu desenvolvimento.

A Astrologia

ESCORPIÃO – água – feminino – fixo.
Na Maçonaria, os Companheiros ferem Hiram.

SAGITÁRIO – fogo – masculino – mutável.
Na Maçonaria, os obreiros se dispersam à procura de Hiram.

CAPRICÓRNIO – terra – feminino – cardinal.
Na Maçonaria, o túmulo de Hiram é descoberto.

AQUÁRIO – ar – masculino – fixa.
Na Maçonaria, é formada a cadeia para tentar ressuscitar Hiram.

PEIXES – água – feminino – mutável.
Na Maçonaria, Hiram é levantado e a palavra perdida é encontrada.

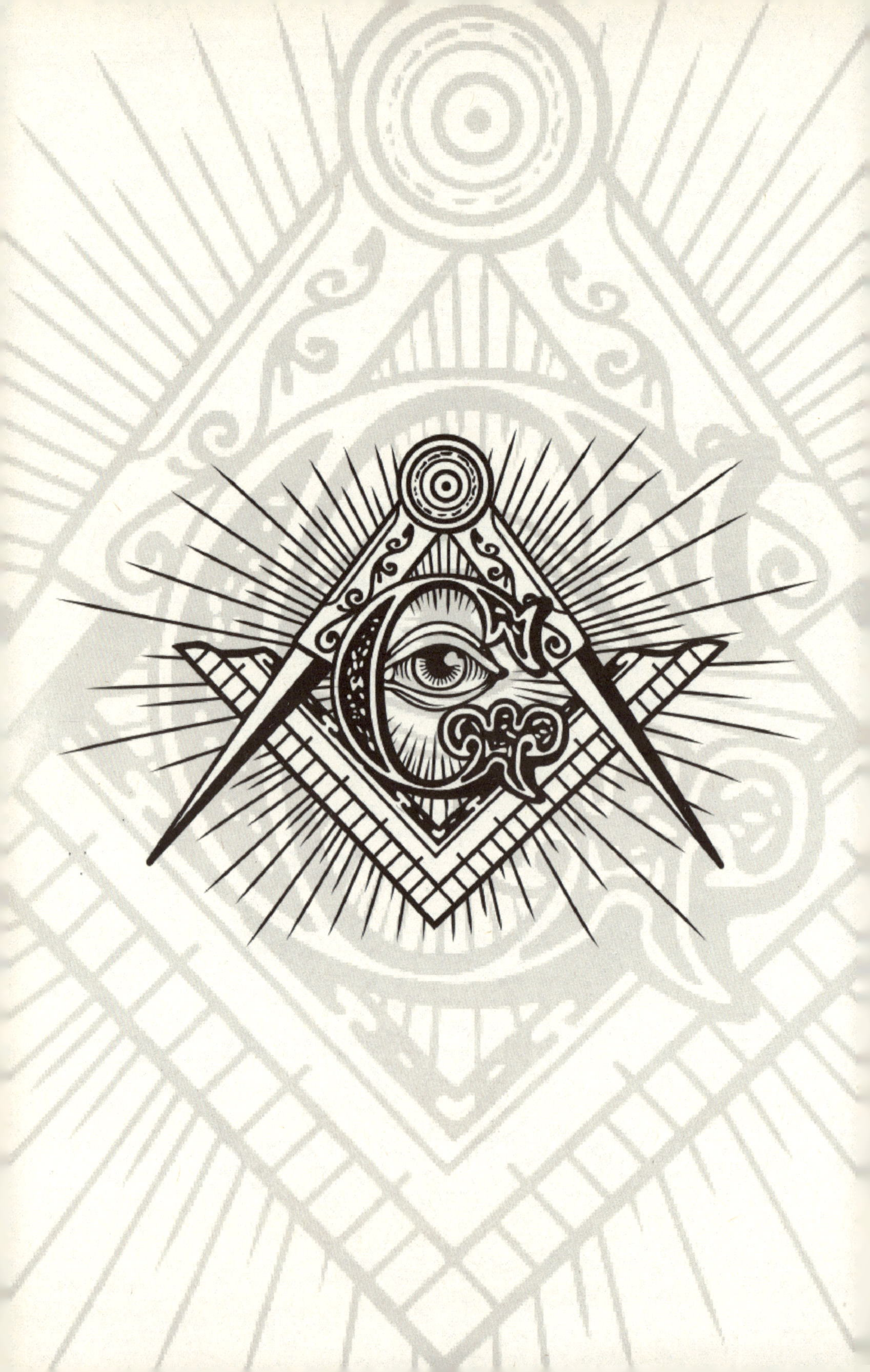

O Antigo Egito

Na primeira instrução do Grau de Aprendiz do Rito Escocês Antigo e Aceito, podemos encontrar a seguinte fala do Venerável Mestre: "A Maçonaria no século XVIII restabeleceu, dentro de nossas Lojas, a tradição dos ensinamentos esotéricos ministrados nos santuários egípcios e continua transmitindo-os aos seus iniciados.

Do mesmo modo que os antigos filósofos egípcios, para subtrair seus segredos e mistérios aos olhos dos profanos, ministravam seu ensino por meio de símbolos e alegorias, a Maçonaria, mantendo a tradição egípcia, encerra seus ensinamentos da mesma forma pela qual oculta suas verdades ao mundo profano, só as revelando àqueles que ingressam em seus Templos pela iniciação".

Essas palavras refletem a importância da tradição do antigo Egito, responsável por um desenvolvimento espiritual e material que encanta a todos que podem conhecer suas cidades repletas de obras arquitetônicas extraordinárias realizadas em uma época anterior à Idade do ferro, em que a roda não tinha sido inventada.

O nascimento da civilização egípcia sempre encantou os historiadores, arqueólogos e estudiosos de toda a natureza.

Entre 8000 e 5000 a.C., tanto no Alto como no Baixo Egito, surge um acúmulo de indivíduos procedentes da Ásia, do centro da África e do Ocidente. Segundo alguns pesquisadores, parte desse fluxo humano seriam sobreviventes da legendária Atlântida.

No IV milênio, surgiram contatos com a civilização sumeriana que provocaram uma grande mutação. O Egito tomou emprestado o sinete cilíndrico, a arte de construir com tijolos, a técnica da fabricação de barcos, o gosto pela arte e principalmente a escrita. Esta surge de imediato sem antecedentes no começo da primeira dinastia, por volta de 3000 a.C.

Rapidamente a civilização egípcia elaborou um estilo próprio em todas as suas criações. O Egito soube aproveitar a geografia a seu favor, muito das culturas sumério-acadianas. Ao contrário dessas civilizações da Mesopotâmia, as quais de todos os lados eram vulneráveis às invasões, o Egito com seu vale do Rio Nilo estava isolado e defendido pelo deserto, o Mar Vermelho e o Mediterrâneo. Por outro lado, o Rio Nilo era amplamente navegável, permitindo ao soberano um controle mais eficaz.

O Egito não teve grandes cidades como a Mesopotâmia; seu território era constituído de uma população rural dirigida pelos representantes de um Deus encarnado que era representado pelo faraó.

A religião e o dogma da divindade do faraó contribuíram desde o início para modelar a estrutura da civilização egípcia.

Os egípcios afirmam que sua história começa no reinado de Osíris. Antes dele existiram outros três reinados: o reino do Ar, governado por Shu; o reino do Espírito, onde o senhor era Rá; e o reino da Terra nas mãos de Geb, onde existia a era Atlântida.

Osíris, o deus e homem, é recordado como um monarca de grande sabedoria e bondade que conseguiu reunir as tribos nômades e as ensinou a aproveitar as inundações do Rio Nilo, que deixavam o solo de suas margens férteis.

Osíris, auxiliado pelo sábio Thoth, ensina às tribos nômades os rudimentos para a extração e elaboração dos metais, assim como a escrita e as artes. Ao terminar sua missão, deixa o trono para sua amada esposa e colaboradora, Ísis, e parte para as terras do Oriente para instruir outros povos.

Em seu regresso, seu irmão Seth arma uma cilada, mata-o, espalha seu corpo por todo o Egito e se apodera do trono.

Sua esposa Ísis, com a ajuda de Anúbis, recolhe os pedaços de Osíris e recompõe seu corpo. Graças às lágrimas de Ísis, Osíris ressuscita e sobe aos Céus. Seu filho Hórus enfrenta o malvado tio, derrota-o e retoma a obra de seu pai.

O povo egípcio se divide em duas zonas com características diferenciadas. O Alto Egito, no Vale do Nilo, que desce o rio do Sul por centenas de quilômetros até o Baixo Egito, formado por um grande número de canais no Delta do Nilo, que se estendem por cerca de 150 quilômetros.

Basicamente a história oficial do Antigo Egito começa no ano 3000 a.C. com a unificação do poder.

As dinastias se sucedem até o ano 0, quando se cala a voz do Antigo Egito.

Acredito que a descrição das Dinastias acompanhadas de seus feitos e datas, assim como os acontecimentos importantes da época, seja algo útil para termos uma visão do que foi o Egito daquela época em relação ao mundo.

Porém, não existe uma concordância unânime em torno do assunto. Dessa forma, tentamos relacionar os reinados da maneira mais correta possível.

Para melhor visualização, destacamos os tópicos em NO EGITO e logo em seguida NO MUNDO, que se refere ao que de mais importante ocorreu no mundo na época da dinastia em referência.

NO EGITO

3000 a.C., I Dinastia – Capital Abidos.

• Nader (Menes) – Unificador do Alto e Baixo Egito. Abidos torna-se a capital sagrada do deus Osíris, sede do conselho do Baixo Egito e dos dez Conselheiros do Alto Egito. Heliópolis e Nekhes convertem-se em cidades sagradas. Criou relações com a Fenícia, fez guerra contra a Líbia e a Núbia. Iniciou a construção de Mênfis, canais e barragens no Nilo.

- Hórus Aha – funda a cidade de Mênfis.
- Djer – Fez-se enterrar com parte de sua corte.
- Djet – Realizou expedições ao Mar Vermelho.
- Den (Udimu) – Primeiro a utilizar o título de rei do Alto e Baixo Egito. Oficializou a festividade de Heb-Shed, renovação dos poderes do rei celebrada no 30º ano de reinado.
- Qa'a – Último faraó a fazer enterrar parte da corte.

NO MUNDO

Na Mesopotâmia, surgem as culturas de Uruk, Mri, Lagash e Susa.
Na Palestina, acontece o crescimento de Jericó.
Apogeu da cultura de Harapa e Mohenjo no Vale do Indo. Civilização minoica em Creta.
Sumérios são dominados pelos acádios.
O império acádio é destruído pelos gutis.
Surge a cerâmica pintada e a elaboração do cobre no Mediterrâneo Oriental.

NO EGITO

2850 a.C., II Dinastia – Capital Mênfis.

- Hotepsekhmui – Em seu reinado deixou-se de usar as tabuletas epônimas da I Dinastia.
- Raneb (Nebré) – Primeiro faraó a incluir o nome de Rá em sua onomástica (Estudo dos nomes).
- Nynetjer – Em seu governo ficou decidido que as mulheres poderiam exercer o poder real.
- Seth-Peribsen – Governa o Alto Egito e derrota os reis do Baixo Egito.
- Khasekhmui – Institui o culto do Estado dedicado a Hórus. Heliópolis se converte na sede do poder religioso.

NO MUNDO

Templos megalíticos dedicados à Deusa Mãe.
Santuários subterrâneos de Tarxien.
Cultura do Minoico Antigo no Egeo.
Síria, fundação de Tiro e Biblos.

NO EGITO

2770 a.C., III Dinastia – Capital Mênfis.
• Djoser – Diviniza-se e se apodera do poder sacerdotal.
• Imhotep – Príncipe vizir e grande sacerdote de Heliópolis, é o primeiro médico e arquiteto da história. Ele projetou a pirâmide escalonada em Sakkarah e o grande complexo funerário.
• Sekhem-Khet – Inicia um complexo funerário com uma pirâmide escalonada maior que a de Djoser, mas não consegue terminar a obra.
• Sanakht – Empreende a construção de um mausoléu tão imponente como o de Djoser, mas acabou sendo enterrado com simplicidade em um local onde depois foi construído o templo funerário de Unas.
• Khaba – Último rei da Dinastia, construiu uma pequena pirâmide em Zawyet-el-Aryan.

NO MUNDO

Na Mesopotâmia, começa o período áureo dos sumérios de Ur e Lagash, com a construção de templos e palácios.

NO EGITO

2620 a.C., IV Dinastia – Capital Mênfis.
• Snefu – É lembrado como um faraó humano e amável; construiu as pirâmides de Dashur e termina a de Meydum. Defendeu as fronteiras e abriu minas de turquesas no Sudão.

- Keops – Construiu a grande pirâmide de Gizé com a cidade necrópolis em torno.
- Dejedefre – Usurpa o poder durante breve período e começa a construção da pirâmide (inacabada) de Abu Roasch.
- Kéfren – Constrói a segunda grande pirâmide de Gizé. A ele é atribuída a construção da esfinge de Gizé.
- Miquerinos – Devolve ao clero parte dos bens confiscados por Keops e constrói a menor das três grandes pirâmides.
- Shepseskaf – Enfrenta os sacerdotes de Rá devido ao grande poder deles. Constrói uma grande mastaba e pequenas pirâmides.

NO MUNDO

Em Troia, tem início a primeira cultura.

Mesopotâmia, Primeiros Templos em Assur, Templo de Istar e Samak em Mari.

NO EGITO

2500 a.C., V Dinastia – Capital Mênfis.

- Userkaf – Descendente de Miquerinos, construiu uma pirâmide em Sakharah. Chegou ao poder com a ajuda dos sacerdotes e doou muitos bens a eles.
- Sahure – Escavou um canal em Buratis que unia o Mar Mediterrâneo ao Mar Vermelho e criou uma poderosa frota. Construiu um templo solar em Abusir.
- Nefer Ari-ka-Ra – Perdeu o poder jurídico e religioso.
- Niuserré – Interrompe a construção de templos solares.
- Unas (Wenis) – Constrói uma pirâmide decorada internamente com os Textos das Pirâmides e as instruções de Ptah-Hotep.

NO MUNDO

Na Mesopotâmia, Sargon I funda o império Akkad.

A dinastia domina vários séculos e floresce a arte em Akkad, Lagash, Susa, Mari, Assur e Ur.

NO EGITO

2350 a.C., VI Dinastia – Capital em Mênfis.

• Teti – Os grandes vizires Kogemni e Meri são os verdadeiros donos do poder.

• Pepi I – Soberano enérgico e empreendedor, grande guerreiro e construtor. A arte alcança elevado nível.

• Merenré – Mantém política expansionista na Núbia.

• Pepi II – Assumiu o trono aos 6 anos de idade, sendo o reinado mais longo da história egípcia. Provocou a decadência do poder real que ficou dividido pacificamente entre os feudos laicos e religiosos.

NO MUNDO

Mesopotâmia, início da dinastia de Gutti. Construção dos zigurates de Ur, Nippur e Uruk.

NO EGITO

2180 a.C., VII e VIII Dinastias – Capitais Mênfis e Abidos.

• Essas dinastias foram apenas de nome. Os príncipes que se atribuem a soberania do Egito se sucedem. Hordas de asiáticos invadem e saqueiam as cidades do Delta. Entre os revoltados do Sul se destacam Idi, príncipe dos coptos, e Shemai, governador do Alto Egito.

2160 a.C., IX e X, Dinastias – Capital principal Heracleópolis. Ausência de um poder unitário e reconhecido.

• Nefer-Ka-Rá – Instala uma monarquia como Querida por Deus, mas nem todos os príncipes a reconhecem.

NO MUNDO

Na Mesopotâmia, os sumérios reconquistam a independência com a terceira dinastia de Ur.

Surge a idade de ouro da arquitetura de tijolos, com palácios, zigurates e pirâmides escalonadas em Eridu, Ur, Uruk e Nippur.

NO EGITO

2120 a.C., XI Dinastia – Capital Tebas.
• Sehertani – Autoproclama-se rei.
• Mentuhotep I – Estende seu poder sobre o Baixo Egito com o apoio da classe comerciante. Constrói um grandioso complexo funerário em Deir El-Bahari
• Mentuhotep II e III – Restabelecem o cargo de Juiz Supremo. A importante rota de caravanas até o Mar Vermelho é equipada com poços e porto junto ao mar.

NO MUNDO

No Egeu, surge a cultura do Minoico Médio. Fundação do Império Assírio. Fundação da Dinastia Shang. Surge o império dos hititas, Stonehenge e metalurgia em bronze. Período pré-clássico da civilização maia.

No Peru, início do trabalho em metal. Povoamento da Melanésia.

NO EGITO

1991 a.C., XII Dinastia – Capital Tebas.
• Amenemèsi – Antigo vizir de Mentuhotep III, acaba com a anarquia que aflige o país, marcando os limites de cada província. Realiza o saneamento de 2 mil quilômetros e leva as fronteiras do império até a terceira catarata do Nilo, em pleno centro do Sudão, criando várias fortificações nos territórios avançados.

• Sesostris I – Foi o primeiro faraó que, para manter a dinastia, governa com o pai até a morte deste.

• Amenemés II – Estende as fronteiras até Megiddo, na Palestina, e Ugarit, na costa da Síria.

• Amenemés III – Ele e seus sucessores Amenemés IV e Sebekneferu, sua irmã e uma das primeiras mulheres faraó no Egito, continuam expandindo o império. Nas fronteiras criam cadeias de fortificações conectadas entre si por meio de sinais. Renascimento científico e literário, com obras famosas como *O Livro dos Caminhos*.

NO MUNDO

Mesopotâmia, fim da Terceira Dinastia de Ur e continuação das dinastias de Isin e Larsa.

Egeu, primeiros palácios de Cnossos e Festos.

Invasão dos Aqueus – Primeira Dinastia dos amoritas.

NO EGITO

1785 a.C., XIII Dinastia – Capital Tebas.

• Amenemés V – Casa-se com a rainha regente e arrebata parte do poder. A Núbia se separa do Alto Egito.

NO MUNDO

Babilônia, reinado de Hamurabi – Surge o código de leis escrito e a construção de grandiosos palácios.

NO EGITO

1745 a.C., XIV Dinastia – Capital Tebas.

• Nefer-Hotep – Reconstrói a unidade sobre todo o Delta. Restabelece o protetorado em Bilbos (Líbano).

Os hicsos, povos cananeus e amoritas, pressionados por migrações procedentes da Ásia Central (hititas e cassitas), invadem as terras férteis do Delta e introduzem o uso do carro e do cavalo, desconhecidos no Egito, assim como o culto ao deus Baal.

NO MUNDO

Fenícia, invenção do alfabeto. Na Ásia Central, populações de indo-europeus avançam até a Índia e a Pérsia. Os hebreus são obrigados a emigrar para o Egito. Na Mesopotâmia, crescimento do reino dos cassitas.

NO EGITO

1700 a.C., XV Dinastia – Dominação dos hicsos.
• Salitis – Primeiro rei pastor dos hicsos, funda Avaris como nova capital.
• Apofis – Foi derrotado pelos reis do Alto Egito, sendo o último rei pastor.
1620 a.C., XVI Dinastia – Capital Tebas.
• Kames – Derrota os hicsos.
• Amosis – Reconquista a Núbia até Abu Simbel.
Invade o Delta, destrói Avaris e persegue os hicsos até a Palestina. Em seu regresso, reprime uma rebelião dos príncipes do Norte.
A XVII Dinastia é uma monarquia fantasma que sobrevive no Baixo Egito durante o domínio dos hicsos.

NO MUNDO

Ásia Menor, fundação do império dos hititas, onde sua capital é Hattusa e seu primeiro soberano, Hattusili.
Na China, dinastia e cultura Chang.

NO EGITO

1580 a.C., XVIII Dinastia – Capitais Tebas e Akhetaton.
• Amosis (Nebpehtiré), irmão de Amosis da XVI Dinastia, continuou a consolidação e expansão do poder.

• Amenhotep I – Estende os limites do império até o Rio Eufrates, enfrentando os hititas.

• Tutmés I – Dedica cuidados especiais às cidades de Tebas e Abidos, que alcançam grande esplendor.

Colunas e obeliscos gigantescos decoram o Templo de Karnak. O culto do deus Amon se identifica com o culto tributado a Thoth.

• Tutmés – Casa-se com Hatshepsut, acalma as rebeliões internas e externas mantendo o poder absoluto.

• Hatshepsut – Governa em nome de seu enteado durante 20 anos usando roupas masculinas e barba postiça dos faraós.

• Tutmés III – Governa durante 34 anos depois da morte de sua madrasta. Em Kadesh, próximo a Biblos, derrota Mitanni. Em Megiddo, obriga uma coalisão de príncipes sírios a se render. Em Karkemish, no norte da Síria, cruza o Eufrates e derrota novamente Mitanni. Estende seus domínios sobre as ilhas de Creta e Chipre. Possui uma posição generosa e perdoa até os rebeldes, mantendo os costumes e religiões dos povos conquistados. A cultura e a arte do Egito passam a ser difundidas em todo o mundo conhecido.

NO MUNDO

Surge no Egeu o Minoico Médio, com a construção de novos edifícios. Reinado legendário de Minos em Creta. Ásia Menor, grande expansão do Império Hitita. Na Mesopotâmia, os cassitas conquistam a Babilônia. Na Grécia ocorre um grande desenvolvimento de Micenas. Os arianos dominam o norte da Índia. Surge a primeira cidade da China e os primeiros ideogramas chineses.

NO EGITO

1450 a.C. – Continuação da XVIII Dinastia.

• Amenhotep II – Sela aliança com Mitanni.

• Amenofis III – Mantém a paz com os povos conflitantes casando-se com Tiy, filha de Shuttama, rei de Mitanni, e com a filha de Kalimasin, rei da Babilônia.

• Amenofis IV – Muda seu nome para Akhenaton quando substitui o culto de Amon por Aton, dando início a uma religião profundamente mística e monoteísta segundo a qual todos os homens são iguais no amor do único Deus. Akhenaton cria uma nova capital no centro do Egito. A sede do poder é tirada de Tebas.

• Nefertiti – Princesa de Mitanni e esposa de Akhenaton, tem muita influência na arte e na religião.

• Tutankhamon – Filho de Akhenaton pressionado pelo clero, insatisfeito retorna a capital para Tebas e restabelece o culto a Amon. Morre misteriosamente aos 18 anos de idade. Nefertiti casa-se com um ancião chamado Ay e consegue manter-se no poder por mais quatro anos.

Com sua morte, desaparece Akhetaton e a anarquia e miséria apoderam-se do Egito.

• Horemheb – Comandante do exército e amigo de Akhenaton, renega a fé em Aton e destrói seu culto.

NO MUNDO

Na Ásia Menor, os hititas invadem o reino de Mitanni, aliado do Egito, e Suppiluciumas I, rei do hititas, avança contra o Egito. Na Mesopotâmia, surge o Império Medo-Assírio.

Na Índia, surgem os *Vedas* e o Bramanismo. No Egeu, desenvolvimento do Minoico recente.

NO EGITO

1310 a.C., XIX Dinastia – Capitais Tanis e Tebas.

• Ramsés I – Comandante das tropas e vizir de Horemheb, ascende ao trono. Escolhe Tanis como a capital do império, ficando Tebas como a capital dos reinos e sede do culto a Amon.

• Seti I – Rechaça Muwatallis, rei dos hititas, que havia ocupado o Sinai. Reconquista a Fenícia e ocupa Kadesh.

• Ramsés II – Em sua primeira campanha militar, vence o exército hitita. Na segunda, derrota os rebeldes da Palestina. Diante da ameaça do rei Salmanasar da Assíria, os hititas e egípcios, grandes inimigos, realizam o primeiro tratado de paz internacional da história.

Do lado egípcio, a garantia vem do Deus Rá de Tebas e, pelos hititas, o Deus Teshub de Hattusa.

Merenptah – Enfrenta a coalizão dos povos do mar, aqueus, etruscos, sículos, lícios e líbios que invadem o Delta e os dispersa. Durante seu período ocorreu o êxodo dos israelitas.

Seti II – Tenta contornar a crise econômica e administrativa. O Delta fica novamente à mercê das invasões líbias.

NO MUNDO

Em Troia, surge a épica guerra em torno de 1280 a.C.
No Egeu, os dácios chegam às terras banhadas pelo Mediterrâneo.
Destruição de Creta minoica pelos aqueus.
Surge a cultura cupisnique.

NO EGITO

1200 a.C., XX Dinastia – Capital Tebas.
Setnakht – Derrota a coalizão de líbios e recupera os bens que eles haviam usurpado.

Ramsés III – Continua o trabalho de defesa do império. Em sua primeira campanha militar, põe fim às invasões dos povos do mar. Sículos e etruscos refugiam-se na Itália, outros fogem para a Líbia. Lutando contra a corrupção e as conspirações internas, o faraó cai vítima de um atentado.

Seguem outros sete faraós com nome de Ramsés, que chegam ao poder graças a intrigas no palácio.

Ramsés XI – Procura em vão resistir ao enorme poder do sumo sacerdote de Amon Herihor, que atuava como dono do império.

NO MUNDO

Na Mesopotâmia, Tukultininurta funda o Império Assírio, cujas capitais são Assur e Nínive. Com o rei Kapara surgem centros artísticos autônomos em Tell-Halaf e Tell-Acimar.

No Egeu, início da migração jônica. Os fenícios desenvolvem o alfabeto. Início da Idade do Ferro no Oriente Próximo.

Fim do Império Hitita. Fim da era micênica na Grécia. Surge a civilização dos olmecas. Início do povoamento de Fiji.

NO EGITO

1085 a.C., XXI Dinastia – Capitais Tanis e Tebas.
• Smendes – Sucessor de Ramsés XI, governa o Egito com sua capital em Tanis.
• Piankhi – Filho do sumo sacerdote Herihor, assume o trono como monarca do Alto Egito. Em seguida, vêm Pinujem I e seu filho Menkheper-Rá. Uma poderosa força líbia de Heracleópolis que havia feito o exército de Salomão (rei de Israel) recuar até Megiddo substitui a XXI Dinastia.

NO MUNDO

Expansão comercial e naval dos fenícios.
O rei David une Judá e Israel.
Expansão ariana na Índia.
Etruscos chegam à Itália.

NO EGITO

950 a.C., XXII Dinastia – Origem Líbia, capital Bubastis.
• Shoshenk I – Invade a Palestina e se apodera de Jerusalém, saqueando o Templo.
• Osorkón I – Luta contra o poder dos sacerdotes de Tebas. A Alta Núbia se separa do Egito e se une ao Sudão, criando um novo Estado cuja capital é Napata.
760 a.C., XXIII Dinastia – Capital Bubatis.
• Osorkón II – Acerta as relações com o clero de Tebas.

NO MUNDO

Salomão termina o Templo de Jerusalém e se casa com uma princesa egípcia. Fundação de Cartago pelos fenícios. Mesopotâmia, Império Assírio – Assurnasirpal II, Salmanasar III e Sargon II derrotam os povos vizinhos. Grécia – primeiros jogos olímpicos. Itália – Fundação de Roma. Upanishade – arianos expandem para o sul da Índia. Egito invade Judá e Israel. *Ilíada* de Homero – Cidades-Estado na Grécia – Colônias fenícias na península Ibérica e Itália – Reino Cuche na Núbia.

NO EGITO

730 a.C., XXIV Dinastia – Origem Saíta, capital Sais.

• Tefnakht – O rei de Sais conquista Hermópolis e recupera uma parte do Baixo Egito. Porém, é rechaçado por Piankti, rei de Napata. Alia-se com povos vizinhos para resistir à expansão dos assírios.

• Bakenrenef – Firma paz com os assírios. Tira da miséria os trabalhadores e apoia a classe menos favorecida, perseguindo a rica casta sacerdotal. Foi considerado pelos gregos um rei justo e generoso.

715 a.C., XXV Dinastia – Origem Etíope, capitais Napata e Tebas.

• Peye – Anexou o Alto Egito ao reino da Núbia.

• Shabaka – Retorna a capital para Tebas, invadindo o Baixo Egito. Sela pacto de amizade com os assírios.

• Shabtaka – Reprime a revolta conduzida por Ezequias, rei de Judá. Foi derrotado por Sennoquerib, rei da Assíria, mas consegue evitar a destruição.

• Tahark – Com a rebelião dos príncipes do Delta e a invasão de Assurbanipal, rei da Assíria, refugia-se em Napata.

• Tanutamón – É deposto pelos assírios que foram ajudados pelos príncipes do Norte.

NO MUNDO

Mesopotâmia, penetração dos medos e persas.
China, início da arte de ch'u e introdução do ferro.
Apogeu militar assírio que conquista o Egito.
Jimmu, primeiro imperador japonês.

Início da cultura de Paracas.

Grécia – início da arte de Corinto e primeiros filósofos gregos, Tales de Mileto, Anaximandro e Pitágoras. Apogeu do Império Babilônico. Fim do reino de Israel.

Na Itália, florescem as culturas etruscas e da Magna Grécia.

NO EGITO

670 a.C., XXVI Dinastia – Origem Saita, capital Sais.

• Necao I – Príncipe de Sais é instalado no poder por Assurbanipal, que o converte em vassalo da Assíria.

• Psamético I – Filho de Necao, conquista o Delta com a ajuda da Assíria e assegura a soberania do Alto Egito com amigos instalados em postos-chave. Liberta-se do jugo assírio aliando-se com as cidades banhadas pelo Mediterrâneo Oriental, favorecendo a imigração de gregos nas terras do Delta.

• Necao II – Escava um canal que une o baixo Nilo ao Mar Vermelho.

• Psamético II – Reconquista a Núbia e as minas de ouro. Difunde no Mediterrâneo a cultura e a moral da antiga religião. O faraó não é mais filho de Osíris; seu poder se apoia somente no povo.

• Psamético III – Enfrenta Cambises, rei da Pérsia, que já havia conquistado inúmeras partes do Egito. Derrotado em Pelusio, tenta uma última resistência. Diante do fracasso, tira a própria vida.

NO MUNDO

Mesopotâmia, destruição de Nínive – fim do Império Assírio, formação do Império Caldeu.

Nabucodonosor, rei da Babilônia, constrói zigurate, jardim suspenso e porta de Istar.

Palestina, destruição de Jerusalém e do Templo de Salomão. Na Grécia, Solón reforma as leis de Atenas.

NO EGITO

525 a.C., XXVII Dinastia – Domínio persa – Capitais Sais e Mênfis.

• Cambises II – Após conquistar o Egito, é coroado em Sais; coroado e consagrado em Heliópolis como faraó por descendência materna. Reina com clemência e generosidade.

• Dario I – Saneia a economia egípcia e reconstrói o antigo canal do Nilo ao Mar Vermelho para unir o Mediterrâneo ao Oceano Índico.

• Xerxes I – Enfrenta uma rebelião no Baixo Egito.

• Artaxerxes I – Reprime outra rebelião no Baixo Egito.

• Dario II – Combate uma terceira rebelião comandada por Amirteus.

NO MUNDO

Na Índia, surge Buda. China, regras de Lao-Tsé e diálogos de Confúcio. Grécia – Guerras Médicas, Defesa do desfiladeiro de Termópilas por Leônidas e vitória naval dos gregos em Salamina.

Surge o sistema de castas na Índia. Zoroastro funda o Zoroastrismo. Fim do Império Babilônico. Surge a República Romana. Surge Heródoto, Pai da História. Início da cultura de Nok (Nigéria). Ciro, rei dos persas – domínio persa na Fenícia.

NO EGITO

400 a.C., XXVIII Dinastia – Capital Sais.

• Amirteus – Consegue se livrar do domínio persa e recobra o poder do Egito.

NO MUNDO

Na Grécia – Péricles consegue o máximo esplendor.
Surge a Acrópolis de Atenas – Guerra do Peloponeso.

Batalha da Maratona entre gregos e persas vencida pelos gregos – Fundação da Liga de Delos sob a liderança de Atenas – Civilização dos zapotecas no México.

NO EGITO

395 a.C., XXIX Dinastia – Capital Mendes.
• Neferites I – Chefe do exército egípcio apodera-se do poder.
• Hakoris – Reconstrói a frota. Alia-se a Atenas e Chipre contra a Pérsia e Esparta.

NO MUNDO

Itália, progressos na expansão romana. O ditador Lucio Furio Camilo rechaça os gauleses e destrói a cidade etrusca de Veyes – Civilização nasca no Peru – Felipe da Macedônia invade a Grécia.

NO EGITO

378 a.C., XXX Dinastia – Capitais Sebennito e Mênfis.
• Nectanebo I – Príncipe de Sebennito, aproveita-se da indecisão de Artaxerxes II, rei da Pérsia, e invade o Delta à frente de um exército de 200 mil homens. Seu avanço é retido pela enchente do Nilo.
• Nectanebo II – Traído pelos mercenários gregos, refugia-se no Alto Egito.
• Kabbas – Foi nomeado faraó pelo clero de Mênfis. Dois anos depois, o Egito é reconquistado por Dario III.
Os egípcios derrotados pedem ajuda aos macedônios
• Alexandre Magno – Expulsa os persas das terras do Nilo, sendo recebido como salvador do Egito e legítimo sucessor dos faraós. Acolhido como filho de Rá pelo oráculo de Luxor, funda a nova cidade de Alexandria (onde será enterrado em 323). Ela se converte na capital, centro econômico e cultural de todo o mundo antigo. Seu sucessor é seu irmão Filipo Arrideo, que morre assassinado. Em seguida, vem Alexandre II, filho de Alexandre.

NO MUNDO

Felipe II, rei da Macedônia, invade a Grécia. Seu filho Alexandre Magno conquista o Império Persa, o Egito e avança até o Rio Indo.

Filosofia de Platão e Aristóteles.

NO EGITO

310 a.C., Dinastia Lágida e dos Ptolomeus – Capital Alexandria. Restauração do poder absoluto, fim do Antigo Egito.

• Ptolomeu I Sotero – Autoproclama-se rei de todo o Egito. Funda a cidade de Tolemaida junto a Tebas destruída pelos assírios. Conquista novamente a Síria e as ilhas do Egeu.

• Ptolomeu II Filadelfo – Reconquista Chipre, Tiro e Sidon. Firma tratado de amizade com Roma e reconstrói mais uma vez o canal do Nilo ao Mar Vermelho.

• Ptolomeu III Evérgedes – Expande os limites e se converte no "Senhor do Mediterrâneo e do Mar das Índias". Alexandria passa a ser um dos centros econômicos e comerciais mais importantes. A moeda internacional passa a ser a egípcia.

• Ptolomeu IV Ficopátor – Decadência da família real.

• Ptolomeu V Epifanes – Casa-se com Cleópatra I, filha de Antíoco III, rei da Síria. O luxo caracteriza esse reinado, assim como o empobrecimento social e econômico. Roma intervém como aliada e acaba interferindo na política e no governo do Egito.

• Ptolomeu XII – Julio César se casa com Cleópatra VII, irmã de Ptolomeu. César e Cleópatra selam a união de Roma com o Egito.

• Cleópatra VII – Com a morte de César, procura organizar a economia do Egito e pede ajuda a Marco Antônio, sucessor de César. Porém, Otávio declara guerra ao Egito. A frota egípcia é derrotada em Actium. Cleópatra e Marco Antônio se suicidam.

NO MUNDO

Na Mesopotâmia, surge o Império Selêucida.
Índia, construção das primeiras stupas (túmulos sagrados). Itália, Primeira e Segunda Guerras Púnicas entre Roma e Cartago.
Expansão de Roma no Mediterrâneo.
A China constrói a Grande Muralha.
Itália, Terceira Guerra Púnica. Roma destrói Cartago, conquista a Grécia, Ásia Menor e Tunísia.
Abertura da rota da seda.
Construção do Santuário de Ise no Japão.
Cidadania romana em toda a Itália.
Calendário Juliano.
Os romanos destroem Jerusalém.

NO EGITO

Após a conquista de Roma, o culto a Osíris se estende por todo o império do Ocidente e chega até mesmo a Roma.
• Nerón (54-68 d.C.) – Reconstrói e renova monumentos egípcios, e organiza expedições para limpar as fontes do Nilo.
• Trajano (98-117 d.C.) – Funda no Egito a cidade de Antinópolis e visita vários templos em Tebas.
Porém, as lutas religiosas e as rebeliões contra o domínio estrangeiro se tornam cada vez mais sanguinárias, e a miséria e o desespero destroem o que havia sobrado das grandes cidades. A escrita e a arte do antigo Egito perdem seu valor e o glorioso Egito se envolve no manto do esquecimento, pois na verdade havia perdido a espiritualidade.

A Religião Egípcia

Segundo o historiador grego Heródoto, que percorreu o Egito no século V a.C., "os egípcios são o mais religioso dos povos".

Para entendermos a grande emoção da antiga religião egípcia, que na verdade inspirou muitas religiões ao longo do tempo, temos de nos desvencilhar das repetidas imagens comuns que nos mostram uma quantidade de deuses com monstruosas cabeças de animais e uma grande preocupação com a vida futura ou "Mais Além".

Aceitar esses princípios é o mesmo que julgar a religião budista por suas inumeráveis imagens ou o Cristianismo pelas representações icnográficas tradicionais, ou considerar os santos como deuses.

Como todas as grandes religiões, a dos antigos egípcios é basicamente monoteísta. Ela já era na época da Pré-História, quando rendiam culto à Madre Deusa Matriz de todas as coisas, todos os deuses e todos os homens.

As cosmogonias egípcias nos mostram uma visão de um único Deus, absoluto, início e fim de todas as coisas visíveis e invisíveis. O princípio eterno nos brinda com vários rostos que representam as várias manifestações da Deidade, como são todas as criaturas na humanidade inteira.

A cosmogonia de Heliópolis entende que antes da criação o espírito absoluto de Rá estava onipresente no caos primordial.

No início dos tempos, Rá toma consciência de sua existência vendo sua própria imagem (Amon). Logo no grande silêncio, chama seu duplo "Vem a mim". Rá, luz e consciência do Universo, chama a Amon, espírito do Universo.

Com o chamado ou palavra-potência criadora, manifestam-se o espaço ar (Shu) e o movimento fogo (Tefnut) que separam a Terra (Geb) do Céu (Nut), pondo fim aos caos e dando equilíbrio e vida ao Universo.

Tudo se encontra pronto para receber as forças criadoras da vida terrena e extraterrena, ou seja, a Força fecundadora de Osíris semina o sentido da vida, água que alimenta, e a força geradora de Ísis, o amor das criaturas e a força fecundadora.

Na cosmogonia de Hermópolis, o caos primordial é uma imensa esfera sem luz onde se coagula o Túmulo Original.

Da primeira forma nasce o ovo primordial que, como uma flor de lótus, se abre para sair o Sol-Rá (Thoth ou Ptah), origem de toda forma de vida. Dos olhos de Rá ou da luz do Universo brotam lágrimas que produzem as criaturas humanas. Da boca de Rá, fonte do verbo gerador, nascem todas as criaturas divinas, ou seja, as forças que constroem toda a forma vital.

Com o passar do tempo, as cosmogonias de Heliópolis e Hermópolis se enriqueceram com mitos e mistérios e as Forças Divinas tomaram forma na mitologia de cada cidade. A essência religiosa se torna cada vez mais secreta, à qual só os iniciados têm acesso.

Assim como nos reinados, também Amon-Rá tem sua corte. Em Heliópolis nasce a Grande Enéada, formada pelo deus supremo e quatro conjuntos de divindades:

Amon-Rá, criador do Universo; Shu, deus do ar, e Tefnut, deusa do fogo; Geb, deus da terra, e Nut, deusa do Céu; Osíris, deus de mais a lá e força fecundante, e Ísis deusa do amor divino e força geradora; Seth, deus da destruição, e Neftis, deusa irmã e colaboradora de Ísis.

Em Hermópolis nasce o conjunto de oito deuses compostos em quatro grupos: Nedu e Nenet, deuses do mundo oculto; Nun e Naunet, deuses das águas primordiais; Heh e Hehet, deuses do espaço infinito; e Kaku e Keket, deuses da obscuridade.

A estes se somam as sagradas trindades de Mênfis e Tebas, assim como numerosos deuses locais.

Porém, a sustentação de todo o pensamento religioso e moral do povo egípcio reside no mito de Osíris. Esse mito não apresenta apenas um conteúdo histórico, mas também uma alta espiritualidade.

Osíris se faz homem para unir-se à humanidade perdida.

Como homem, sofre e morre como os demais. Desprezado por seu próprio irmão, oferece a certeza do renascimento da vida eterna graças ao amor que une o criador e a criatura. O mito é um testemunho de amor e ressurreição como fundamento da criação. Esse mesmo testemunho é oferecido pelo Sol, que desaparece e renasce a cada dia.

O profundo amor que encontramos no mito de Osíris reside na doce e piedosa figura de Ísis que, além de ser a deusa mais amada do povo egípcio, é também a criatura mais humana que existiu no mundo antigo. Temos templos e estátuas dedicados a ela em todo o Império Romano no primeiro século após a morte de Cristo.

Osíris é a experiência da ressurreição das forças da natureza. Ísis é a garantia do renascimento e da vitória sobre o mal e sobre a morte.

No terceiro milênio, o mito do amor e da ressurreição se torna secreto, transformando-se em um instrumento de poder na mão de poucos sacerdotes. Mais à frente, por volta de 1372 a 1354 a.C., vamos encontrar uma profunda modificação no pensamento religioso e teológico da humanidade por meio de Akhenaton, que tenta transformar a religião oculta em religião revelada a todos por meio da clara visão de um deus único e absoluto.

Akhenaton realiza um grande esforço de revelar os arcanjos da religião, permitindo que todos os homens participem das questões espirituais sem a intermediação dos sacerdotes. Para que isso fosse possível, anula os poderes de todos os deuses e anula o nome de Amon e do deus Rá em favor de Aton. Diante do novo e único deus, desaparecem os demais, e todos os homens são iguais entre si porque Ele criou cada homem igual a seu irmão e a cada um deles se dirige dizendo: "Tu estás em meu coração".

O Universo passa a ser sintetizado em um único ato de amor envolvendo o Criador e a criatura.

Este amor acredita que o Universo inteiro se manifesta para todos porque a mesma luz do Sol e seu calor são distribuídos a todos.

O próprio faraó profeta do Deus absoluto, junto com sua família, derrama sobre todos os súditos as dádivas divinas.

O rito de reconhecimento e oferenda de sua própria gratidão a Aton-Rá se realiza ao ar livre sob a luz do Sol em vários altares onde todo o povo pode celebrar ao lado de Akhenaton.

O exemplo do faraó e sua família arrasta multidões, enquanto dura sua vida. Após sua morte, o fanatismo e o poder da casta sacerdotal recuperam o poder e profanam o nome do "faraó herege".

Os templos dedicados a Aton são destruídos e a cidade sagrada de Akhenaton é abandonada para as areias do deserto.

Amon retorna com sua corte de deidades e a arte retorna ao caminho anterior da tradição. Porém, a grande experiência de Akhenaton não foi em vão. A abertura mística deixou marcas profundas que influenciaram a arte e a crença de outros povos e purificaram a própria religião tradicional. Nos últimos séculos da civilização egípcia, mesmo diante de sucessivas invasões e ocupações estrangeiras, Amon-Rá continuou sendo conhecido como aquele a quem "Não se pode representar porque é um espírito puro."

Por outro lado, os Mistérios de Osíris conseguem penetrar nas religiões da Grécia e da Ásia Menor. As instituições cosmogônicas egípcias são assimiladas por Tales de Mileto e Pitágoras.

Já as experiências religiosas e o panteísmo cheio de amor de Akhenaton penetram em outros povos, influenciando inclusive outras correntes de pensamento opostas, como a grega e a hebraica.

Com o crescimento da consciência e da personalidade, a justiça humana cede lugar à caridade e à misericórdia.

O Grande Egito foi se apagando lentamente, mas seu legado permaneceu iluminando a humanidade.

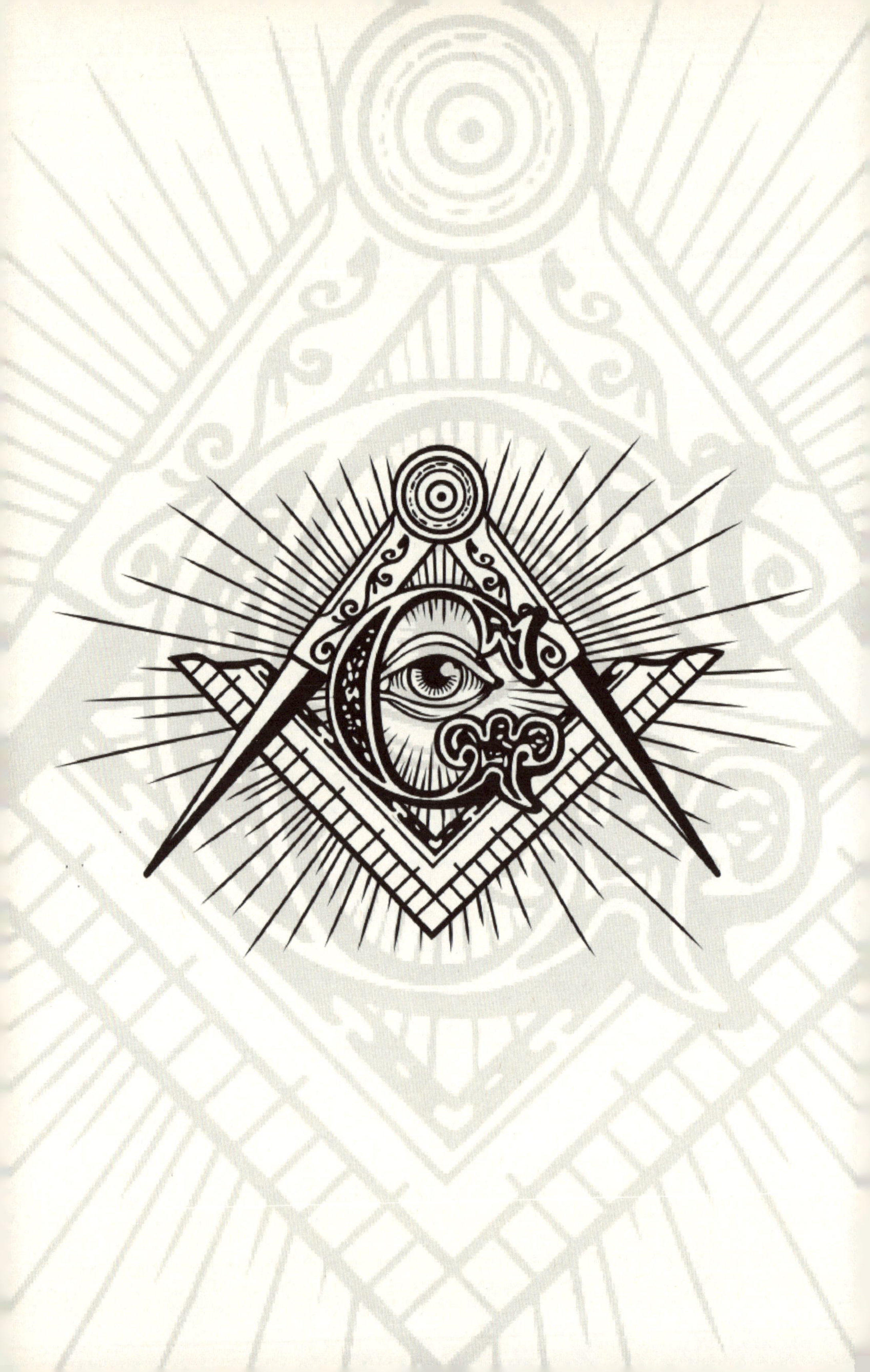

A Espiritualidade Egípcia

A partir do terceiro milênio da civilização egípcia, toda criação artística, técnica e religiosa é concebida e composta de matéria e espírito. De um lado temos o mundo da matéria inerte e no outro, o do puro espírito. Dessa maneira, o reino da Terra está no extremo oposto do reino do Céu, e todo o encontro entre o homem e o outro reino determina a identidade real e a vitalidade de cada pessoa.

A manifestação de cada criatura se deve ao *Ka*, ou seja, ao Sopro Divino que o deus Rá coloca na matéria inerte. Essa operação é uma repetição eterna do instante em que o Absoluto tomou consciência de Sua própria condição e pronunciou as palavras sagradas "Vem a Mim". Dessa forma, as pedras, as montanhas, o Nilo, o mar e o próprio Egito se distinguem por meio de seu *Ka* e participam da Divindade graças a Ele, ou seja, a Deus, que é a causa e a manifestação de si mesmo.

No homem, objetivo principal da criação, microcosmo entre a Terra e o Céu, verifica-se o mesmo processo universal. O deus Khnum, artífice da raça humana, produz figuras idênticas: o *Khet*, que é a matéria inerte ou o corpo humano, e o *Ka*, que é o Sopro Divino ou o corpo espiritual. Dessa sobreposição que dá vida a toda criatura humana nasce o *Ba*, princípio vital do ser humano, ou seja, nasce a consciência de si mesmo, a vontade própria que é diferente da vontade do Criador. O milagre da criação se repete como um ato de consciência do homem que se converte na única criatura dotada de vontade e consciência próprias e responsável por suas ações. O homem cria seu próprio livre-arbítrio.

A visão do homem egípcio com relação ao transcendental é que sua vida e suas ações não se encontram separadas do todo, porque com sua alma atua paralelamente o *Ka*, seu corpo divino. Por seu intermédio, suas ações constantemente fazem parte da vida universal.

Nesse ordenamento cósmico, o *Ka* homem-espírito determina também o campo de ação, o tipo de vida que seu homem-alma tem de contribuir desenvolvendo sua própria personalidade de acordo com os desígnos divinos.

Todo o povo egípcio se identifica com a imagem de uma grande obra, em que cada parte é o campo da ação de cada indivíduo e o todo é o campo de ação do Rei. As obras de cada um se convertem nas do faraó e ele se converte em mediador entre o mundo finito e o mundo infinito. Ele é um deus que faz viver por suas ações. A obra do faraó assegura a espiritualidade do cosmos e do estado representando a continuidade da vida.

A harmonia universal é contínua entre o mundo desta vida e o da outra. A razão desse fato é que o *Ka* do povo egípcio não é temporal, mas eterno, assim como a pirâmide terrestre que continua com a celestial e a sociedade formada sobre esta terra nasce como proveito da realidade divina que tem sua conclusão no Céu. Talvez essa crença seja justificada pelo que existe em cima é igual ao que existe embaixo.

O faraó converte-se em garantia da redenção total e sua ação de pai absoluto e protetor continua mesmo depois da morte, de sorte que, dirigindo-se a todos que vivem no sofrimento e na miséria, diz: "Abri vossos braços, criaturas nascidas da palavra de Deus, porque aquele que cai eu o levantarei, aquele que chora eu o consolarei".

Por volta do terceiro milênio, predomina a ideia de que a sociedade terrestre é a expressão dos planos divinos. Por essa razão, o *Ka* do faraó se converte em força que se arrasta até a imortalidade e a pirâmide terrestre reflete-se na divina.

No segundo milênio, o *Ba* adquire maior importância, inclusive para o faraó, e se estende a todas as pessoas. A vida perde o mistério de um rito e assume o significado de uma missão a ser cumprida. Os tratados morais já não representam a regra a ser cumprida, mas uma regra a ser vivida, pois são condições necessárias para superar a grande prova que fornece as condições para chegar "ao Mais a Lá" ou à próxima vida.

Com a debilidade da unidade social e da tranquilidade econômica, a busca das credenciais morais e a visão de um prêmio, as ações tornam-se cada vez mais incertas porque a definitiva vitória do bem sobre o mal, ou seja, da vida sobre a morte já não está garantida nem às pessoas de grande poder. Até mesmo o faraó se converte em um ser com dúvidas sobre a futura vida desconhecida.

Com o reinado de Akhenaton houve um renascimento da religiosidade. Sua nova religião de igualdade, de amor e do contato direto com a divindade devolveu aos homens a esperança da redenção universal.

Seiscentos anos depois de Akhenaton na Dinastia Saíta (666--524 a.C.), a espiritualidade egípcia se agita em relação à conquista da consciência individual e à igualdade dos homens diante de Deus, abrindo espaço para uma renovada confiança na providência divina.

Esse acontecimento reflete as últimas manifestações da profunda religiosidade antiga. Esse fato terá enormes reflexos nos pensamentos religiosos de todos os povos que cresceram em torno do Egito, principalmente os povos da Grécia e da Palestina.

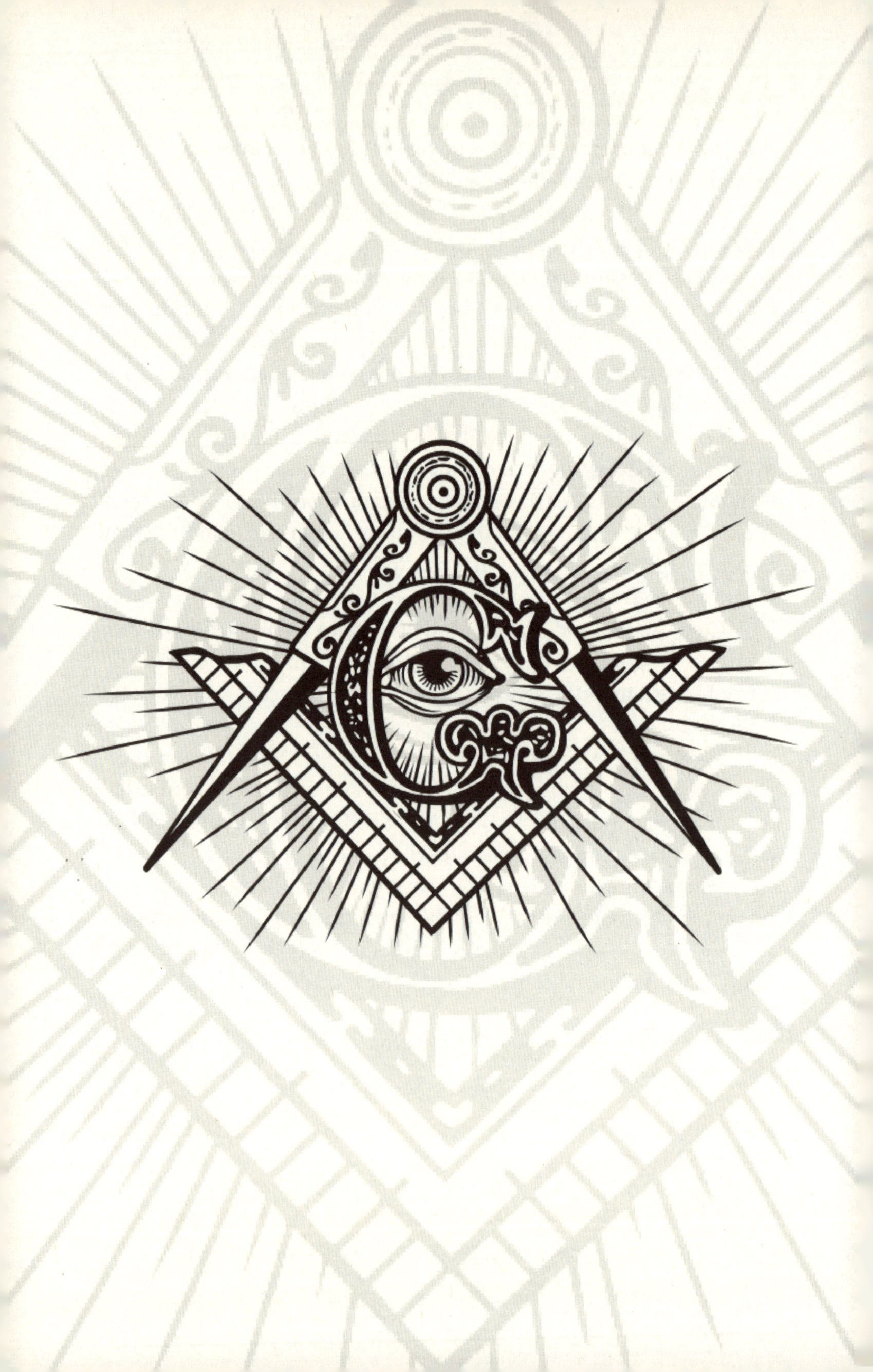

A Casa da Eternidade

Quando o *Ka* se separa do *Khet*, ou seja, quando o espírito divino abandona o corpo, este perde a sustentação vital e ocorre a morte com a liberação do *Ba*, sua alma, tendo início a vida mais a lá do reino terrestre.

Na religiosidade egípcia, não existia uma continuidade automática entre o reino da Terra e o reino do Céu. Dessa forma, existia uma grande importância nos ritos fúnebres e no culto dos mortos.

No rito fúnebre, a primeira providência de grande importância era a mumificação, pois o cadáver era o recinto do *Ka* divino e indispensável ao falecido para que ele mantivesse o conhecimento de sua própria identidade até se identificar com o deus Rá.

Na Pré-História, o cadáver tinha as pernas dobradas de forma semelhante à posição fetal (um desejo de regressar ao ventre da Deusa Mãe); depois era envolvido em panos, colocado dentro de um grande vaso de barro e enterrado no deserto. O clima extremamente seco e as altas temperaturas conservavam o corpo por muito tempo.

Se a família tivesse possibilidades econômicas, era feita uma câmara sepulcral no fundo de um poço, onde eram colocadas ao lado as ferramentas usadas pelo morto. Depois o poço era fechado e construía-se em cima um túmulo. Já na IV Dinastia a mumificação era uma arte especial que dependia das possibilidades econômicas ou da importância política dos familiares dos falecidos.

O processo mais caro era aquele que procurava manter o melhor aspecto físico do falecido. Ele durava muitos meses, sendo acessível a poucas pessoas.

A mumificação era realizada na "Casa da Vida".

Após os contínuos banhos internos, eram realizadas operações cirúrgicas para extrair o cérebro, o estômago, os intestinos, os pulmões e o fígado. Essas partes recebiam um tratamento fora do corpo e eram colocadas em vasos consagrados aos quatro filhos de Hórus. Os médicos superiores possuíam um grande conhecimento de anatomia, o que permitia operações complexas.

Quando o corpo estava seco, era envolvido em faixas de linho entrelaçadas com muito cuidado. Entre elas eram colocados amuletos estabelecidos por um cerimonial rico em fórmulas de consagração.

Cada fase do ritual era dirigida por sacerdotes herdeiros das experiências secretas e conhecimentos mágicos que representavam uma casta muito poderosa.

A múmia era várias vezes purificada até ser colocada em um ataúde, que depois teria o formato da múmia e seria pintado com a imagem de seu *Ka*.

O cortejo fúnebre saía da Casa da Vida seguido pelos familiares e carpideiras (choronas de profissão), que derramavam muitas lágrimas. Também seguiam a procissão os móveis, vestimentas e joias, assim como maquetes de seus barcos, casas e outros bens, e os "ushabti", figurinhas que acompanhavam o caminho do falecido até o Paraíso e realizavam por meio das imagens os trabalhos que Osíris impunha.

Chegando à necrópolis da capela ou ao átrio, realizava-se um rito de purificação com água e incenso. Logo em seguida era realizada a cerimônia da abertura dos olhos e da boca, em que um sacerdote lia as fórmulas mágicas do *Livro dos Mortos*.

Essa cerimônia tem uma função mágica com grande poder no plano astral, pois o *Ba* do morto agora podia ver e falar no "Mais a Lá". A cerimônia evocava momentos importantes da criação e nascimento das criaturas humanas e divinas relativas aos olhos e à boca de Rá.

Com essa cerimônia, a preparação do defunto estava terminada. Agora ele podia viajar para o reino de "Mais a Lá".

As orações representavam a ligação entre o *Ka* dos vivos e o *Ka* do morto, assim como as súplicas e manifestações de carinho representavam a ligação entre o *Ba* dos vivos e o do falecido.

A comunhão entre os seres vivos e os defuntos é muito mais completa quanto mais se presencia a presença do *Ka* de todos. Esse encontro, os agradecimentos da família e os versículos mágicos ajudam na viagem a ser realizada pelo falecido na Barca do Sol.

A Viagem para o "Mais a Lá"
(para o além)

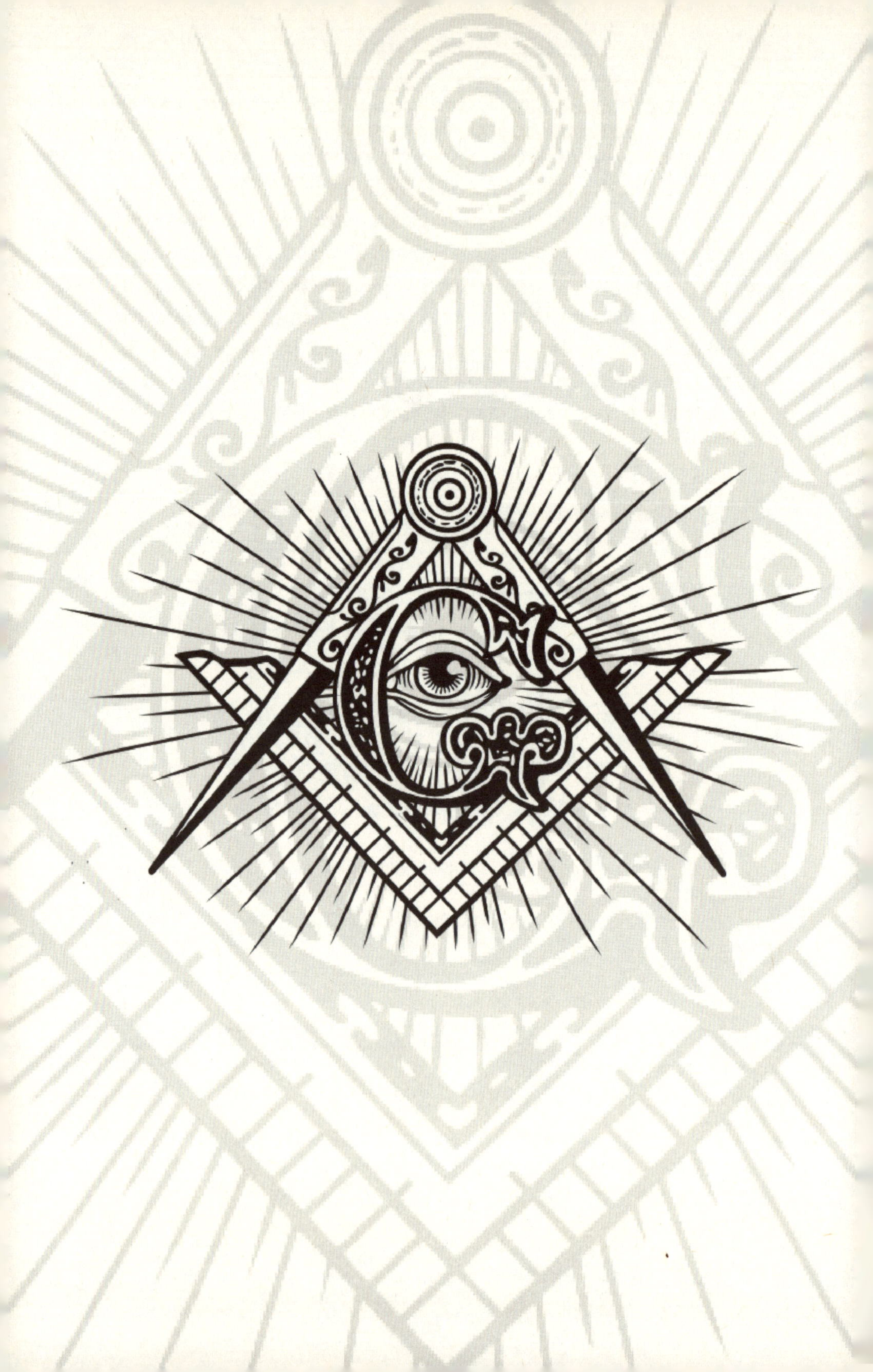

A Viagem para o Mais a Lá

(Para o além)

No início da história, é o faraó quem guia seu povo com base nos sagrados textos que resumem toda a ciência do Universo visível e invisível.

Uma parte dessa ciência antiquíssima pode ser encontrada nos *Textos das Pirâmides* gravados nas paredes das câmaras funerárias da pirâmide de Unas (2400 a.C.).

Quando o faraó se encontra como guia de si mesmo, poderá utilizar o *Livro dos Mortos*, os *Textos dos Sarcófagos* e os livros do que está no mundo subterrâneo (Duat), que são destinados a servirem de guias da alma do falecido em seu caminho para a eternidade. Esses textos possuem o conhecimento do reino dos mortos por meio da fé religiosa, contendo regras de conduta, fórmulas mágicas, rituais sagrados e orações secretas que permitem ao viajante superar as inúmeras provas a serem vencidas.

Tudo isso tem origem em uma relação entre a alma e o espírito universal que é muito sensível e complexa, que pode ocasionar a descrença em uma imortalidade cada vez menos compreensível e uma vontade desesperada de retornar à vida terrena, embora exista um sentimento de que a vida futura seja libertadora.

A última e importante viagem começa com a separação do *Ka* espiritual do corpo material. O *Ba* alma, e princípio vital do ser humano, abandona a vida terrena e vai para o ar desorientado em torno do cadáver. A piedosa Ísis o acolhe amorosamente e o põe sobre a proteção do sábio deus Anúbis, para que alivie sua dor e sirva de guia até o juízo divino.

Anúbis e o falecido se dirigem aos confins do mundo, até o local das quatro montanhas que sustentam o Céu e à montanha a oeste de Ábidos, a cidade sagrada de Osíris. Usando a barca de Khepri ao Sol do amanhecer, dirigem-se ao rio de Hades.

Anúbis, hábil piloto, conduz a barca pelos grandes redemoinhos do rio feitos pela gigantesca serpente Apofis, inimiga de Rá. A barca finalmente chega ao coração dos infernos, reino das coisas secretas.

Nas margens do rio existem seres monstruosos que se lançam contra os viajantes. Babuínos enormes tentam capturá-los com uma grande rede, serpentes armadas com grandes dentes, dragões que lançam fogo e répteis de cinco cabeças surgem da terra e das águas.

Também existem ameaças terríveis, lamentos dolorosos de sombras vagantes de seres afastados do espírito, larvas humanas sem cabeça e inimigos de Osíris.

Seres divinos e luminosos colaboram com Anúbis, dando proteção em silêncio sobre a frágil alma do falecido aterrada e quase destruída em virtude da horrenda visão.

Finalmente se chega ao fim do reino tenebroso de Duat. Para sair dele é necessário passar por sete portas, e para entrar nos salões do Juízo de Osíris é preciso abrir dez pilonos.

Pilono é uma construção em forma de pirâmide truncada com grossos muros que franqueiam a entrada principal dos Templos.

Cada porta está vigiada por três divindades: o deus mago, o deus guardião e o deus interrogador. Para passar, a alma tem de conhecer as palavras mágicas adequadas e o nome secreto do Guardião do Umbral. Depois pode dizer: "Abri-me a porta, servi-me de guia". Abertas as sete portas, deve cruzar os dez pilonos e cada divindade que guarda o pilono revela seu "nome secreto" para a eternidade.

Depois do último pilono, a alma entra nos "Salões do Juízo de Osíris". Sentados em torno se encontram os deuses do Universo, os *Ka* cósmicos, imagens do mesmo deus absoluto, e nele se refletem muitas cores como em um gigantesco caleidoscópio (na tumba de Tutmosis III estão representadas 741 divindades).

No centro se ergue uma pirâmide escalonada e no alto dela se encontram os quatro juízes supremos, ou seja, os pares que deram origem ao mundo criado: Shu e Tefnut (ar e fogo); Geb e Nut (Terra e Céu). Esses juízes, que são a expressão da criação divina, da justiça e da verdade, presidem junto com Osíris. Aos pés do deus, rei do Mais a Lá, se encontra a gigantesca balança que pesa o coração dos falecidos.

No momento culminante, a alma fica somente na presença do Deus supremo e tem de demonstrar que jamais fez algo de mal contra o próximo.

Altos e claros ideais guiaram o julgado durante toda a sua vida: "Se tu eras grande depois de haver sido pequeno, se tu eras rico depois de haver sido pobre, não sejas avarento de tuas riquezas porque elas chegaram como um presente de Deus. Se tu cultivas teus campos e eles te dão abundantes frutos, não sacies apenas tua fome, mas também a do próximo, porque a abundância de que desfrutas é um dom divino".

Pta-Hotep, em suas máximas que foram repetidas em torno de 2.500 anos, adverte: "Não semeies o temor entre os homens porque Deus te combaterá da mesma maneira, pois quem pretende conquistar a vida com violência Deus irá tirar o pão da boca, despojar suas riquezas e o reduzirá à impotência. Não semeies o temor entre os homens, dá a ele uma vida de paz e terás com a paz o que havias obtido com a guerra, porque essa é a vontade de Deus".

Porém, o maior momento que o antigo Egito deixou para a ética mundial está contido nas frases que Nefershem-Ra pronuncia no Supremo Juízo: "Dê pão ao faminto, de beber ao sedento, vista a quem estava nu, leve pelo rio a quem não tem embarcação, enterre quem não tem filhos". Devemos notar que essas pedras angulares da bondade humana se repetem em numerosas mastabas (tumbas). Dessa forma, elas fazem parte dos ideais que 3 mil anos antes preparavam o caminho que conduz ao reino dos Céus.

Assim que a alma tenha confessado suas ações, seu coração que as guarda é pesado. O próprio Anúbis coloca o pequeno vaso que guarda o coração do julgado em um dos pratos da balança e no outro coloca o contrapeso ou a pena de Maat, a deusa da verdade e da justiça; em seguida, destrava a balança.

Se o coração é mais leve que a pluma, a alma demonstra sua inocência e o *Ka* espiritual torna a vivificá-la por toda a eternidade.

Começa assim a vida no Paraíso, ou nos "Campos de Ialu".

Antes de entrar, a alma se purifica de toda a impureza terrestre nas águas do lago de lótus. Depois, novamente pura e jovem como dentro da Deusa Mãe Nut, cresce e trabalha feliz nos campos paradisíacos ao lado de seus seres queridos. Nessa encantadora vida junto à natureza, nesse regresso à época de ouro do reinado de Osíris sobre a Terra, filtra-se progressivamente o reino solar do puro espírito. As almas purificadas pela escada formada pelos raios luminosos de Aton-Rá até alcançar a Barca da Verdade.

A última etapa da grande viagem para a eternidade apresenta três importantes aspectos. O primeiro está presente no pensamento antigo em que a personalidade humana, uma vez regenerada e justificada, segue atuando como parte do todo e da vontade divina, fazendo parte do Exército de Hórus para combater o mal e o sofrimento na Terra.

O segundo, o acompanhamento final do indivíduo na essência divina que resulta em uma bela imagem dos *Contos de Sinuhé*: "Fui levado ao Céu e assim ficou unido ao disco do Sol e seu corpo regressou àquele que o havia gerado". O terceiro é a fusão do próprio Ser com o Absoluto; é cantado pela alma beatificada: "Sou o ar, sou o presente e conheço a manhã, sou Rá e Rá se identifica comigo mesmo... o Ser está em mim, sou dono da alma de Deus que me abriga em seu sono".

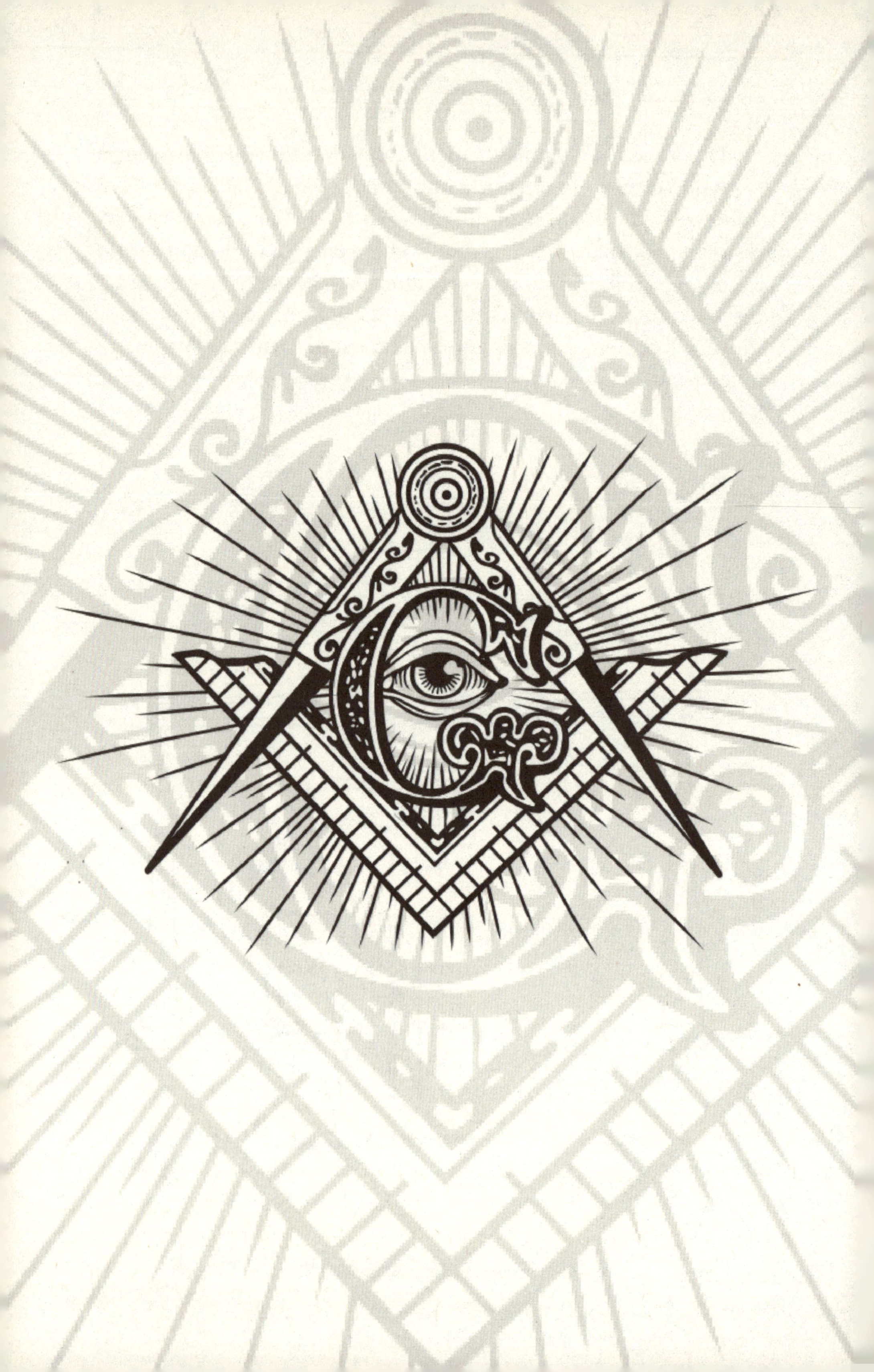

A Espiritualidade em Pedra

Desde os primeiros momentos da civilização humana, quando se desenvolveu a espiritualidade, o ser humano sentiu a necessidade de se comunicar com a Divindade.

No início, construíram pequenos altares onde normalmente cada habitante depositava sua oferenda, fruto de seu trabalho.

As oferendas eram constituídas de produtos agrícolas, artesanatos e animais de propriedade de quem estava ofertando.

Com o surgimento das religiões, houve a necessidade da construção de pequenos templos que no início foram localizados em grutas. Porém, a classe religiosa passou a ter grande destaque nas primeiras cidades, o que fez com que fosse necessária a construção de lugares maiores e específicos destinados ao culto.

Esses lugares foram crescendo em razão do próprio desenvolvimento das comunidades e, como tudo dependia da religiosidade, todos os esforços eram realizados para agradar os deuses.

Por causa da durabilidade e imponência das construções, a pedra passou a ser escolhida como matéria-prima das maiores construções religiosas da Antiguidade.

A pedra representava por si só a espiritualidade da imobilidade perante o tempo.

Dentre as magníficas obras do passado, os templos podem ser encontrados em praticamente todos os pontos do planeta e uma grande parte de suas construções continua existindo no momento atual.

Mas, além dos templos, podemos encontrar marcos simbólicos, obeliscos, estátuas de divindades e muitas outras formas que a sensibilidade humana conseguiu desenvolver. Dentre essas formas, as pirâmides do Egito representam o ponto máximo da espiritualidade em pedra.

Além do tamanho que impressiona por sua grandiosidade, o formato é algo que foge aos padrões convencionais tanto da época de sua construção como da atualidade. Em meu entendimento, representa a espiritualidade pura e simples da ligação entre a Terra e o Céu, entre o homem e a Divindade.

Ao longo dos séculos, pois a primeira pirâmide foi construída por volta de 2770 a.C., várias hipóteses surgiram tentando explicar o significado e o objetivo da construção.

A primeira pirâmide construída no reinado do faraó Zoser pelo arquiteto e primeiro médico da história, além de ser príncipe e grande sacerdote de Heliópolis, cujo nome era Imhotep, tinha o formato escalonado como uma escada em direção ao Céu.

Porém, por volta de 2600 a.C., as três grandes pirâmides de Gizé começam a ser construídas pelos faraós: Keops, Kéfren e Miquerinos, nas quais as laterais lisas se unem em um único ponto no topo.

Ao visualizarmos esses mastodontes de pedra, experimentamos uma sensação sem igual, em que a realidade foge da lógica, embora tudo seja real.

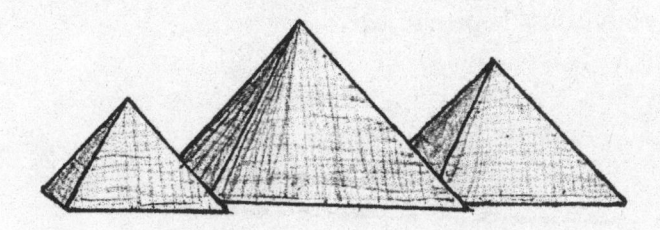

Há muito tempo, uma quantidade enorme de estudiosos das mais variadas especialidades tem procurado formular teorias sobre os métodos de construção de tais obras.

Esses estudiosos de todas as partes do mundo tentam decifrar como pode haver se convertido em realidade uma obra considerada impossível para os padrões tecnológicos da época de sua construção.

A principal pergunta se refere à maneira que quase 3 milhões de cubos de pedra pesando mais de duas toneladas cada um foram transportados e elevados a uma altura de quase 150 metros. O problema é que tudo foi feito em uma época em que os egípcios não conheciam o ferro nem a roda.

Uma teoria de grande aceitação foi a construção de uma rampa provisória que poderia se elevar à medida que a pirâmide fosse crescendo. Nessa rampa, centenas de escravos arrastariam os blocos até seu destino final.

Porém, muitos consideram essa teoria absurda em razão das seguintes considerações:
1. Para suportar o tráfego da enorme quantidade de blocos pesados e alcançar uma altura de grande envergadura, era necessária uma rampa de pedra.
2. Para circular por ela grupos de 30 homens, a rampa deveria ter uma largura mínima de cinco metros.
3. À medida que a pirâmide fosse crescendo, seria necessário aumentar seu comprimento, pois a inclinação teria de ser

compatível com a altura. Uma rampa é aceitável em construções de pouca altura.
4. Alguns estudiosos acreditam que, para construir uma rampa provisória, seria necessária uma obra cujo volume seria o mesmo da pirâmide.

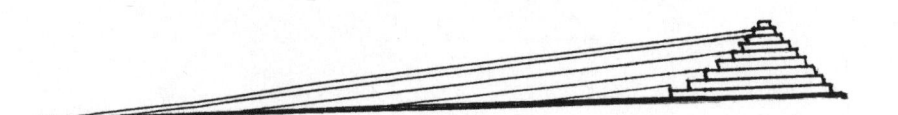

5. Segundo estudos, para transportar os materiais a uma altura de 150 metros, seria necessária uma rampa de aproximadamente um quilômetro de comprimento.
6. Para que se pudesse elevar a altura da rampa corrigindo seu comprimento, seria necessário interromper a obra por várias vezes, tornando o trabalho lento e inútil, pois no término da obra tudo teria de ser removido.

Outra ideia que temos de desmitificar é o uso de milhares de escravos acorrentados transportando enormes pedras.

Na época da construção das grandes pirâmides, as lutas se restringiam a pequenos combates dentro das fronteiras entre os próprios egípcios, o que não propiciava a concentração de prisioneiros de guerra para serem escravos. Por outro lado, as descrições de centenas de milhares de obreiros largamente divulgadas em livros e pela mídia é desprovida de qualquer fundamento, por não existir tanta mão de obra disponível nem a necessidade de um número tão elevado de pessoas.

Não faltavam aos egípcios daquela época a imaginação e a capacidade de raciocínio, o que pode ser comprovado em várias outras construções.

Temos também documentado em várias pinturas o uso de animais no transporte de objetos pesados.

Mas a imaginação dos formuladores de teorias sobre a construção das pirâmides vai muito além, e podemos encontrar a ajuda de seres de outros planetas com seus equipamentos extraordinários que podiam levantar pesos astronômicos sem nenhuma dificuldade.

O fato interessante é que Heródoto, o grande historiador, por volta de 455 a.C. nos fala da construção das pirâmides, descrevendo as máquinas que levantavam as pedras.

Ele descreve que uma pirâmide é construída no início em degraus, recebendo posteriormente o revestimento final. Dessa forma, Heródoto descreve que as máquinas levantam os blocos de pedra de um piso abaixo para outro acima.

Em uma tumba de Deir el Medina, encontra-se pintada uma máquina de balancim utilizada para levantar pesos. Atualmente encontramos nos canais do Nilo esse tipo de equipamento, denominado em árabe *Shaduf*, que é utilizado para tirar água do rio.

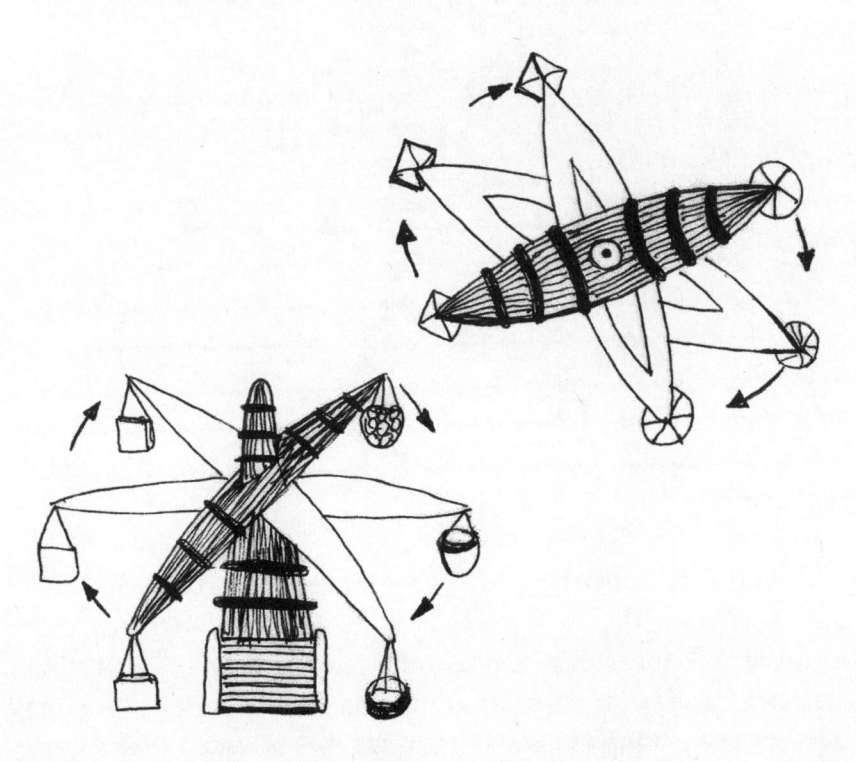

Esse princípio é muito simples: o balancim contém um lastro central para manter o equilíbrio, podendo mover-se na horizontal e no sentido diagonal. Em um dos extremos existe uma base retangular para apoiar o que será movido, e no lado oposto, um cesto onde se localiza o contrapeso de pedras menores. Os movimentos são controlados por cordas.

Essa máquina era construída utilizando troncos de palmeira bem amarrados entre si e podia ser desmontada e transportada para realizar outros trabalhos. Assim, também existiam máquinas de vários tamanhos e diferentes capacidades de carga.

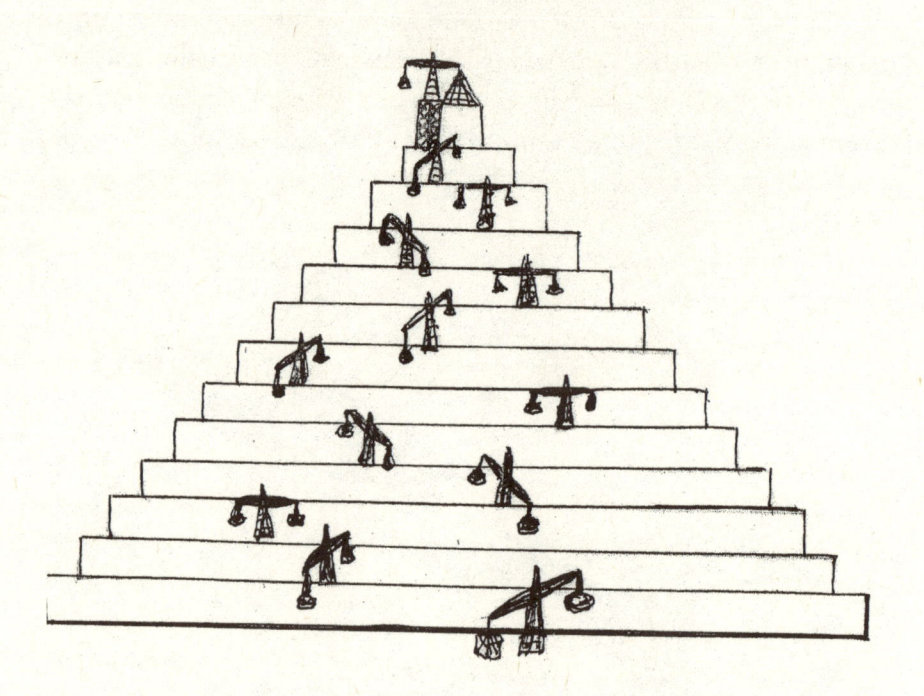

As pedras utilizadas eram encontradas por cerca de 800 quilômetros, desde Gizé, onde existiam as de calcário, que pesavam em torno de duas toneladas e representavam quase a totalidade da obra, até as vindas dos canteiros de granito da Ilha Elefantina, próxima a Assuan, que eram poucas mas pesavam aproximadamente 50 toneladas cada uma.

A Espiritualidade em Pedra

Essas pedras foram transportadas por grandes barcaças através do Rio Nilo. As barcaças eram arrastadas pela correnteza do rio e guiadas por grandes cordas seguradas por pessoas que ficavam nas margens. Elas viajavam até Mênfis, de onde seguiam por um canal até Gizé, sendo desembarcadas em uma rampa que as conduzia com a ajuda de animais até seu destino final, que normalmente era a Câmara do Rei.

Nos canteiros, os cortes eram feitos introduzindo cunhas de madeira que, uma vez molhadas, exerciam uma grande força que separava o bloco da massa rochosa. Esse método ainda é utilizado nos dias atuais.

Os canteiros trabalhavam no desbaste com pedras de dolerita, uma pedra mais dura que o granito, encontrada no Mar Vermelho. Também eram utilizados maços e cinzéis desbastadores, os quais, atualmente se descobriu, eram de cobre, com suas pontas batidas a frio, o que as tornava resistentes como o ferro que os egípcios não conheciam naquela época.

Ainda hoje é possível ver as marcas deixadas pelas equipes de canteiros que se utilizavam de nomes sugestivos para identificar seu trabalho, como por exemplo: turma vigorosa, turma do norte, turma do sul, turma do centro, turma dos degraus, etc.

Já as pedras de calcário eram de fácil remoção e acabamento, pois eram menores e mais moles; o problema era preparar e transportar uma quantidade tão grande de material. Esse trabalho necessitava de uma perfeita organização envolvendo milhares de obreiros especializados que, além do conhecimento técnico, deveriam dispor de instalações apropriadas tanto para trabalhar como para manter suas necessidades básicas de alimentação e descanso.

Conforme a descrição de Heródoto, na primeira etapa da construção da pirâmide ela era escalonada e não possuía revestimento.

Cada novo andar se transformava em um novo piso onde trabalhavam homens e máquinas para erguer a obra. O número de máquinas e trabalhadores diminuía à medida que ela crescia, pois a forma triangular se tornava cada vez mais curta.

Ao lado das equipes de obreiros que manejam as máquinas existe um grande número de homens, mulheres e até crianças encarregados de transportar água, comida, madeira e areia para nivelar o piso. Entre um piso e outro existem pequenas rampas para que esses auxiliares possam se deslocar até o topo da obra.

Mas existe algo que impressiona na construção: o nivelamento perfeito das pedras. Isso se deve à criatividade dos construtores que elaboraram um prático dispositivo que permitia o nivelamento entre as pedras, como é mostrado a seguir.

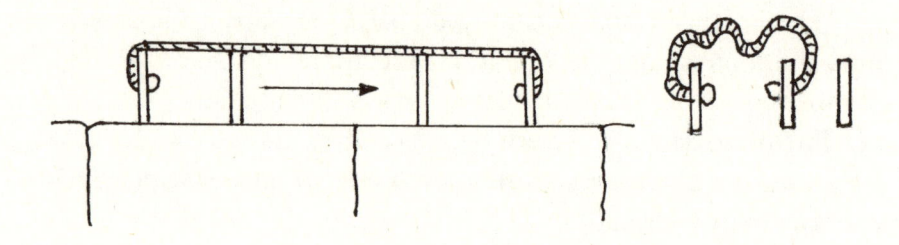

A peça da mesma altura das peças laterais é passada por baixo da corda, mostrando se existe alguma diferença na altura.

O revestimento exterior utiliza pedras no formato piramidal fixadas com uma espécie de cimento da época, confeccionado com calcário e pó de pedras.

No topo é colocada uma pirâmide revestida em ouro e decorada com signos sagrados do faraó.

As laterais são revestidas e polidas. Esse trabalho é realizado em andares de madeira, os quais são desmontados e montados novamente no andar inferior.

O trabalho pronto representa quatro fachadas triangulares de aproximadamente 20 mil metros quadrados, cada uma formando um conjunto harmonioso e orientado de acordo com os quatro pontos cardeais.

Ao lado da grande pirâmide, arqueólogos encontraram vestígios de grandes padarias, fábricas de cerveja e enormes alojamentos que atestam a grandiosidade do planejamento da obra.

Não existiram milhares de escravos nem máquinas de outro mundo, tudo foi planejado e construído pelo povo da época, o que demonstra uma grande qualidade na união de esforços. Desde o mais humilde obreiro ao sumo sacerdote, arquiteto que projetou e dirigiu as obras, todos dedicaram não apenas a força braçal, mas a espiritualidade individual que se transformou em um monumento espiritual em pedra feito 2.700 anos antes de Cristo.

Além das magníficas pirâmides e templos esplendorosos, os egípcios nos reservaram outro exemplo de espiritualidade em pedra abaixo do solo.

Em um vale rochoso junto ao deserto foram encontradas várias tumbas de faraós, escavadas e ornamentadas de maneira digna com muito respeito. Esse conjunto foi denominado de Vale dos Reis, sendo encontrado também o Vale das Rainhas e o dos nobres.

Esses tipos de túmulos surgiram no período tebano e receberam o nome de hipógeos. Eram cavados no flanco das montanhas e possuíam várias câmaras.

Nas paredes, encontramos valiosos tesouros artísticos e em suas câmaras eram colocados objetos de grande valor. A maioria dos hipogeus foi saqueada. O único encontrado intacto foi o de Tutankhamon, descoberto por Howard Carter em 1922.

Os hipogeus se desenvolvem seguindo a estrutura tradicional de um templo. Uma galeria dividida em dois ou três setores conduz ao templo subterrâneo, com várias salas com pilares rodeadas de outras dependências e câmaras para oferendas. Por último, temos o santuário com a sala do sarcófago e as capelas dos tesouros.

A iconografia dos hipogeus reais não se preocupa em considerar a continuidade da vida no "Mais a Lá", mas se concentra na continuidade da vida do faraó em contato com os deuses e sua vitória sobre a morte como demonstração individual.

Em outro vale, conhecido como Biban el Harim ou Portas das Rainhas, foram encontradas 80 tumbas, sendo que muitas estão incompletas e outras muito danificadas por causa da ação dos saqueadores.

Essas tumbas são menos imponentes que as destinadas aos faraós e se assemelham às tumbas dos grandes dignatários do império localizadas no Vale dos Nobres.

Nas tumbas dos nobres, que são menores, destacam-se as pinturas realizadas com vivacidade e realismo, que utilizam cores mais vivas.

Em outro vale existe um povoado dos obreiros, artistas e artesãos que construíram as tumbas de Tebas. O lugar é conhecido como Deir El Medina ou Monastério da Cidade, pois essa região foi habitada pelos coptas.

O local chegou a ter uma população de mais de mil habitantes, mas apenas uma parte se dedicava aos trabalhos nas necrópolis reais, o restante se ocupava dos trabalhos de subsistência.

Os encarregados das tumbas reais, chamados de "servidores da Praça da Verdade", eram trabalhadores de grande qualidade.

Os artistas, que compreendiam pedreiros, revestidores, escultores e pintores, eram protegidos por serviços de vigilância, que se encarregavam de vigiar as ferramentas.

Os segredos de ofício eram transmitidos de pai para filho, sendo preservado o sigilo absoluto.

A comunidade venerava Amon Rá. Existia uma regra entre eles que dizia: "Tu que ajudas o pobre, o Supremo Tribunal te concederá justiça; os que se corrompem na vida serão derrotados".

A organização social era muito similar aos outros povoados de artesãos e agricultores. Era regida por dois alcaides diretores ajudados por um conselho de artesãos e trabalhadores braçais.

No deserto rochoso construíram pontos para descanso e depósitos de água, de onde os obreiros poderiam se dirigir a várias necrópolis. No Vale dos Reis, os refúgios se converteram em um grande hotel que podia abrigar grandes grupos que se revezavam em turnos contínuos de trabalho.

Os trabalhos eram negociados pelos alcaides diretores, assistidos pelo conselho. Nos conselhos eram fixados o tempo de entrega e o pagamento.

O conselho encarregava-se de planejar os trabalhos distribuindo os serviços e realizando os pagamentos. Os chefes de cada equipe anotavam os trabalhos e as faltas dos obreiros com suas devidas explicações. Existiam muitos dias livres destinados ao descanso e às festividades reais.

Os pagamentos eram feitos em cerveja, que era uma espécie de alimento na época por seu baixo teor alcóolico, legumes, sandálias e até unguentos e perfumes.

As controvérsias e eventuais sanções eram decididas por um tribunal de obreiros presidido por um mestre construtor. Mas podia existir uma última instância diante do faraó em questões de grande importância.

Um fato interessante é que encontramos soluções arquitetônicas no Egito semelhantes aos edifícios de Ugarit, Uruke e Mari na Mesopotâmia, nos zigurates da Babilônia e palácios e templos dos sumérios. Também temos semelhanças entre o palácio de Sargón em Korsabad e o complexo de Ziser em Sakkara no Egito, o que nos leva a pensar na existência de um modelo comum em 4000 a.C.

A própria reunião de obreiros na construção de uma obra gerava uma amizade e a preocupação em proteger os segredos de ofício passados de pai a filho e conquistados mediante muito trabalho físico.

Logo, a construção de obras importantes como as pirâmides, tumbas e principalmente templos necessitavam de pessoal altamente especializado, pois essas obras se destinavam de certa forma aos deuses.

Em praticamente todas as obras foram encontrados símbolos de identificação dos construtores, mas não temos informações detalhadas sobre a religiosidade deles.

Acredito que as obras destinadas aos deuses foram construídas por pessoas tecnicamente aptas e com consciência religiosa, pois, caso contrário, a qualidade não nos mostraria o sentido espiritual que podemos observar, apesar do tempo.

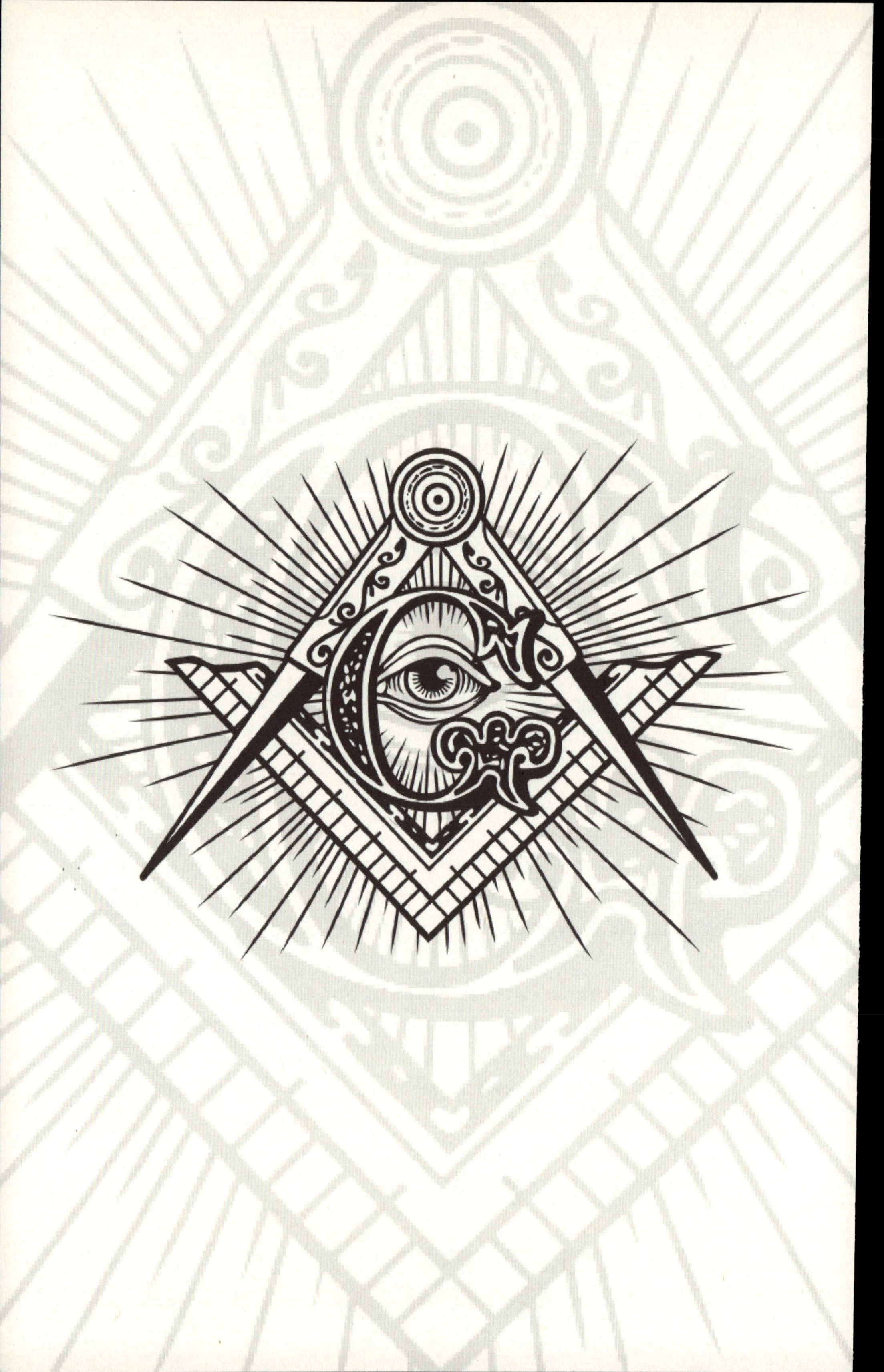

A Casa de Deus

O templo é normalmente denominado a casa de Deus, sendo um edifício consagrado a um culto religioso, local onde se busca a proteção divina.

O culto solar fez surgir o primeiro altar, onde o fogo era aceso no meio dele, dentro de um círculo. Era um local sagrado no qual todos os habitantes das pequenas aldeias se reuniam para realizar suas preces e levar suas oferendas.

Com o fortalecimento da classe religiosa, ajudada pelos governantes que desejavam se tornar divinos, os locais destinados aos cultos foram ficando cada vez mais complexos. Surgiu a necessidade de obras mais elaboradas, pois, de acordo com as tradições, as divindades passaram a habitar esses locais que se transformaram em moradas dos deuses.

Acredita-se que os primeiros templos surgiram na Mesopotâmia, habitada pelos sumerianos por volta do quinto milênio antes de Cristo.

Os templos primitivos eram muito simples, feitos de tijolos, sem teto, com a estátua do deus na parede do fundo. As construções foram se aprimorando e, na época dos babilônios, surgiram os templos no formato de zigurate ou pirâmides com degraus, que variavam de dois a sete andares e possuíam formatos ovais, quadrados e retangulares.

Segundo estudiosos, a função dos zigurates era a de elevar o templo o mais próximo dos Céus.

O exemplo mais significativo dessa teoria é o Templo de Marduk, mais conhecido como Torre de Babel.

Esse templo era denominado *Etemenanki*, palavra suméria que significa "Fundação do Céu e da Terra". Segundo pesquisas, foi construído na época de Hamurabi, tendo sido destruído pelo rei assírio Senaqueribe e refeito por Nabopocassar e seu filho Nabucodonosor.

Para os egípcios, o templo era a morada do deus ou a casa de Deus, lugar onde ele vivia incorporado à estátua de culto localizada no santuário.

A estátua da divindade podia ser construída de vários materiais, como pedra, madeira ou metal, e sempre decorada com incrustações de pedras semipreciosas. Ela ficava guardada dentro de um sacrário ou em uma barca de madeira apoiada em um pedestal de pedra.

O público em geral não possuía acesso aos Templos. Apenas os sacerdotes, o faraó e algumas autoridades podiam ter contato direto com a imagem do deus.

O povo apenas podia admirar a imagem quando ocorriam as procissões e a barca com o sacrário era carregada nos ombros dos sacerdotes.

Os templos egípcios tiveram origem na necessidade de realizar cultos às divindades e satisfazer a memória dos faraós falecidos por meio de cultos para que eles tivessem uma vida após a morte.

Além do lugar de culto, os templos possuíam outras instalações anexas reservadas, como moradias dos sacerdotes, oficinas, escritórios dos escribas e celeiros. Havia também um lago sagrado utilizado em rituais. Todas as instalações eram cercadas por uma muralha, formando uma pequena cidade na qual vivia um grande número de pessoas.

Fora da muralha existiam áreas agrícolas onde camponeses e pastores trabalhavam para produzir os alimentos necessários à sobrevivência de todo o pessoal.

O culto tinha como base a doação de oferendas alimentares que, depois de consagradas, eram distribuídas aos colaboradores, desde o sumo sacerdote até o mais humilde trabalhador.

O culto diário nos templos egípcios obedecia a um ritual muito simples. O faraó era responsável por oficializar todos os rituais, mas, como não poderia estar em todos os templos ao mesmo tempo, era substituído por um sacerdote de alto escalão.

O ritual tinha como início o oficiante se banhar nas águas do lago sagrado para se purificar. Depois, sozinho, dirigia-se até o santuário do templo, abria o sacrário e retirava a imagem da divindade que era lavada, perfumada e vestida, sendo-lhe ofertadas flores e oferendas alimentares. Em todas as etapas eram entoados hinos e orações, acompanhados da queima de incenso. Após o término das oferendas, o oficiante recolocava a imagem no relicário e se retirava do santuário, limpando as pegadas que tivesse deixado.

Os templos egípcios influenciaram o Templo de Jerusalém, pois Moisés foi iniciado nos mistérios do Egito e Salomão era casado com uma princesa egípcia.

O templo hindu está relacionado com a vida social e espiritual da comunidade a que serve representando uma construção, um ritual e uma meta.

Sendo a Casa de Deus, os sacerdotes-arquitetos devem estudar o posicionamento, a orientação e as circunstâncias temporais de sua construção. Até sua fundação obedece a um ritual que envolve o estudo do espaço e a configuração dos Céus na escolha do local e data em que a primeira pedra é colocada.

A construção de um templo hindu obedece a vários preceitos ritualísticos em que as estrelas são consultadas por um astrólogo e o lugar inspecionado por um sacerdote experiente, que verifica a influência benéfica ou maléfica do terreno, incluindo a natureza do subsolo, nível de umidade, drenagem do solo e outras características consideradas importantes, tendo por objetivo estabelecer o equilíbrio entre os três elementos da natureza: rocha, água e verde, que simbolicamente significam estabilidade, peregrinação e vida.

O templo hindu é o local onde o Rito Sagrado se celebra de forma individual e coletiva. Individualmente, o ritual tem início quando o devoto começa a jornada em direção ao templo, cujo objetivo é vê-lo para que possa funcionar como um símbolo do encontro do divino com o humano, local entre o não manifesto e o manifesto, do material para o sem forma, do tempo para a eternidade.

Coletivamente, o templo é um local onde são praticados diversos rituais em várias horas do dia para criar a experiência de confraternização entre os devotos.

A parte central do templo, que contém a estátua ou símbolo da Divindade (Garbhagriha), normalmente é quadrada, onde se ergue uma torre de forma piramidal que simboliza o Monte Meru, a morada dos deuses, sendo o local mais sagrado onde os brâmanes realizam seus rituais.

Os templos hindus não possuem em sua maioria grandes espaços internos e suas construções diferem das igrejas e catedrais do Ocidente, que são projetadas para acomodar multidões de fiéis em cerimônias coletivas.

Nos santuários hindus, a principal preocupação é acomodar a estátua ou emblema sacro da divindade. Eles são construídos de acordo com a imagem simbólica do mundo com base nas mandalas, que são sistemas gráficos elaborados por formas circulares e quadradas que formam diagramas simbólicos representando o Universo em sua evolução cósmica.

Na cosmologia hindu, o círculo representa a Terra e a natureza irracional, e o quadrado é a melhor forma para habitação dos deuses dentro dos templos.

Desde o início das civilizações até o nascimento de Cristo, os templos foram evoluindo. Com o início do desenvolvimento comercial entre os diversos povos, os templos foram observados e cada civilização procurou melhorar as construções, existindo até um certo respeito pelos deuses dos outros povos. Em alguns casos, os deuses dos povos vencidos nas guerras foram incorporados pelos vencedores e alguns se tornaram mais populares que seus próprios deuses.

Um dos templos mais famosos desse período, pelo menos para a Maçonaria, foi o Templo de Salomão. Ele foi iniciado no quarto ano do reinado de Salomão, de acordo com o projeto arquitetônico transmitido por Davi, seu pai (I Reis 6,1). O trabalho teve a duração de sete anos (I Reis 6,37-38) e a descrição dos trabalhos se encontra detalhada na Bíblia em I Reis.

O templo tinha o formato semelhante ao Tabernáculo erigido por Moisés no deserto. As diferenças estavam relacionadas às dimensões internas, que eram maiores, e ao acabamento, em que a decoração era mais elaborada.

Os pisos foram revestidos de cipreste e as paredes internas eram de cedro entalhadas com gravuras de querubins, flores e palmeiras, com muito ouro em sua decoração.

Após o término da construção, a Arca da Aliança foi depositada no Santo dos Santos, pois este era o principal objetivo da construção do templo ou da Casa de Deus.

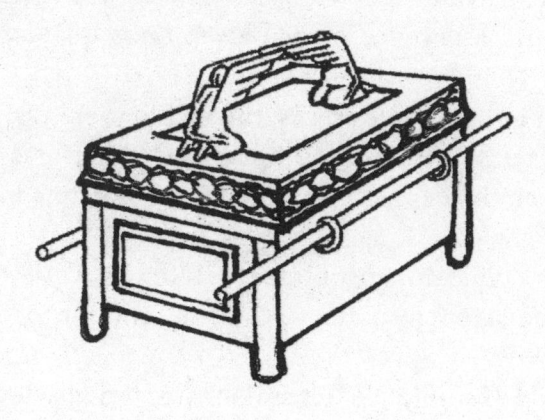

A Casa de Deus foi o nome dado ao Tabernáculo e posteriormente ao Templo de Jerusalém.

Tabernáculo (*mishkan*) significa residência ou lugar de habitação. Segundo a crença dos hebreus, Deus desceu para acampar com seu povo.

Naquela época existia a crença de que Deus habitaria a casa construída em seu nome.

O próprio Salomão, quando da inauguração do Templo de Jerusalém falando ao povo, disse: "Na verdade edifiquei uma casa para tua morada, lugar para tua eterna habitação" (I Reis 8,13).

No ano 586 a.C., o templo foi destruído por Nabucodonosor II, rei da Babilônia, e seus tesouros foram levados. Teve início o período denominado "exílio" ou "cativeiro da Babilônia".

Em 516 a.C., após o regresso do cativeiro, foi erigido no mesmo local o segundo templo, que acabou sendo destruído pelo imperador assírio Antioco Efifanes.

No ano 4 d.C., o rei Herodes, para agradar aos judeus que estavam descontentes, reconstruiu o templo, mas este também foi destruído pelo general Tito em 70 d.C., restando o Muro das Lamentações, utilizado atualmente como local de orações.

Um fato curioso é que este último templo não foi construído no mesmo local dos anteriores. Outro fato interessante é que não existem ruínas dos templos anteriores, a não ser do Muro das Lamentações construído por Herodes. Entretanto, podemos visitar ruínas de outros templos bem mais antigos, principalmente no Egito.

Tendo por base o que está escrito na Bíblia em vários versículos de I Reis, talvez o Templo de Salomão e os posteriores tenham sido construídos em madeira e foram totalmente queimados durante as invasões.

Também podemos encontrar em II Reis 25,9 a descrição de que foram queimadas em Jerusalém a Casa do Senhor e todas as casas da cidade.

Além do Templo de Jerusalém, os judeus desenvolveram construções denominadas "sinagogas", cujo termo vem de *sunagoge*, significando "ajuntamento de povo"; na língua hebraica significa Beit Knésset, "casa da assembleia", ou Beit Tefila, "casa de oração".

As sinagogas são construções desprovidas de imagens religiosas ou altares, tendo como objeto principal uma réplica da Arca da Aliança. A origem das sinagogas é obscura, porém existe a crença de que essas construções surgiram na época do cativeiro na Babilônia, sob a liderança de Esdras, pois os judeus estavam fora de seu país e o Templo de Jerusalém tinha sido destruído.

Atualmente, as sinagogas existem em várias cidades onde haja uma concentração de judeus. Curiosamente, de acordo com pesquisas arqueológicas, a primeira sinagoga construída nas Américas foi a sinagoga Kahal Zur Israel, em 1637, cujas ruínas se encontram na cidade de Recife.

O reinado de Salomão foi muito glorificado, mas no final de sua vida Deus se indignou contra ele, pois não guardou o que o Senhor lhe ordenara.

Além da filha do faraó, que tomou como esposa, Salomão amou muitas mulheres estrangeiras: moabitas, amonitas, edornitas, sidônias e heteias.

O Senhor havia dito aos filhos de Israel: "Não casei com elas, pois vos perverteriam o coração para seguires seus deuses".

Sendo Salomão já velho, suas mulheres lhe perverteram o coração e Salomão seguiu Astarote, deusa dos sidônios; Milcon, abominação dos amonitas; Camios, abominação de Moabe; Moloque, abominação dos filhos de Amon, e demais deuses de suas mulheres que o atormentaram até sua morte.

Segundo crenças da época, Salomão era temido por outros povos, pois acreditavam que ele possuía poderes mágicos.

De acordo com vários autores, o Templo de Jerusalém teria sido utilizado em cerimônias de magia conduzidas pelo próprio rei Salomão.

Um fato interessante é a figura a seguir, que tem o nome de Clavícula Geral de Salomão e indica de maneira geral rituais estabelecidos.

Essa clavícula se fundamenta na Alta Magia, e certos ritos e rituais das cerimônias do Templo de Jerusalém na época de Salomão teriam realmente um caráter mágico.

Essa figura invertida recebe o nome de Chave Geral de Salomão e é utilizada na confecção de pantáculos usados em cerimônias simbólicas.

O operador de magia necessita garantir sua proteção contra eventuais choques de retornos, sendo necessário utilizar pantáculos e talismãs.

O pantáculo é um instrumento de proteção que funciona como isolador ou isolante. É algo impessoal e serve para outra pessoa. Já o talismã possui uma natureza pessoal, não podendo ser utilizado por mais ninguém.

Os pantáculos servem para várias finalidades, como por exemplo: invocações de espíritos, proteção contra perigos, busca de poder e glória, adquirir lucros, proteção contra espíritos malignos, adquirir amor, vitória sobre os adversários, vitória sobre ciladas, proteção na guerra, aumentar a vidência, descobrir tesouros, etc. Mas alguns também servem para a execução de feitiços de ódio.

Temos também o Testamento de Salomão, um antigo manuscrito atribuído ao rei Salomão no qual ele descreve sobre os demônios que serviram na construção do Templo de Jerusalém.

Sejam os acontecimentos sobre a construção e a destruição dos templos de Jerusalém verdadeiros ou não, o importante é que o povo judeu manteve sua crença religiosa. Em todas as partes do mundo onde há grupos de judeus, as tradições são mantidas, independentemente da existência do templo ou de sinagogas. Talvez esse fato demonstre que a divindade é mais importante que qualquer obra humana.

Os Templários

A Ordem dos Pobres Cavaleiros de Cristo e do Templo de Salomão, conhecida como Cavaleiros Templários ou simplesmente Templários, foi uma Ordem militar de cavalaria fundada em 1118, durante a Primeira Cruzada. Tinha o propósito de dar proteção aos cristãos que faziam peregrinação a Jerusalém depois de sua conquista, principalmente no caminho de Jafa a Cesareia, onde ladrões e muçulmanos costumavam atacar os peregrinos.

A ordem foi fundada por Hugo de Payens com apoio de Godofredo de Saint-Omer, Godofredo de Bisol, Payem de Montdidier, Arcimbaldo de Saint-Amaro, Hugo Rigaud, frei Gondemaro, frei Arnaldo e André de Montbard, tio de Bernardo de Claraval e do rei Balduíno II de Jerusalém.

Como se estabeleceram no monte onde existira o Templo de Salomão e se localiza a Mesquita de Al-Aqsa, ficaram conhecidos como a Ordem do Templo.

Em 1127, Hugo de Payens e mais cinco cavaleiros se dirigiram a Roma para solicitar ao papa Honório II o reconhecimento oficial da Ordem. Além de conseguirem o reconhecimento com a ajuda de Bernardo de Claraval, em 1128, no Concílio de Troyes, a Ordem ganhou isenções e privilégios.

A Ordem acabou recebendo muitas doações de toda a cristandade, crescendo rapidamente tanto em membros como em poder. As unidades de combate dos Templários estavam entre as mais qualificadas

das Cruzadas e seus membros não combatentes gerenciavam uma enorme infraestrutura econômica, elaborando novas técnicas financeiras que formaram a base de um bem-sucedido sistema bancário. Eles também ergueram muitas fortificações tanto na Terra Santa como na Europa.

Em 1229, o papa Gregório IX emitiu a bula "Ipsa nos cogit pietas", que isentava os Templários de pagarem os dízimos para as despesas da Terra Santa, em razão da contínua batalha que sustentavam contra os infiéis, arriscando a vida pela fé e amor a Cristo.

Com o passar do tempo, a Ordem ficou riquíssima e muito poderosa. Porém, não era somente de doações que vivia, usavam as propriedades doadas para plantarem trigo, cevada e criarem animais. Dessa forma, vendiam os produtos produzidos em suas propriedades.

Os Templários faziam votos de pobreza e castidade para se tornarem monges, usavam mantos brancos com uma cruz vermelha e seu símbolo passou a ser um cavalo montado por dois cavaleiros.

A regra templária foi escrita por São Bernardo e sua divisa foi extraída do Livro dos Salmos, e dizia: "Não a nós, Senhor, não a nós, mas pela Glória de teu nome". A regra era típica de uma sociedade feudal em que a admissão de novos Candidatos deveria ser aprovada pelo bispo local. Deviam abster-se de carne às quartas-feiras, e uma regra bem curiosa que dizia que dois cavaleiros deveriam comer do mesmo prato. Também consta na regra que o termo correto para designar o maior superior hierárquico era Mestre do Templo e não Grão-Mestre, como é comumente utilizado.

Os Templários, quando realizaram a construção de fortalezas militares, aproveitaram a experiência dos bizantinos, o que possibilitou no futuro a construção de catedrais. Dessa maneira, eles são considerados por alguns autores como os precursores das associações de pedreiros, origem da Maçonaria.

Entre 1146 e 1272, são construídas na França muitas catedrais, sendo 25 de grande porte, o que mostra a existência de várias comunidades de construtores.

Nessa época a França possuía uma população esfomeada e empobrecida, então como poderia possuir uma quantidade enorme de profissionais construtores? Esses profissionais devem ter sido formados por alguma instituição, pois o governo e a Igreja estavam falidos após o fim das Cruzadas. Quem formou os profissionais e financiou as construções? Segundo vários autores, os Templários financiaram 90% dos fundos destinados às construções das catedrais góticas.

O rei Filipe IV, chamado de o Belo, nasceu em 1273 e aos 17 anos subiu ao trono da França. Ele se preocupou com a política de ampliação dos domínios reais. Suas ideias eram inclusive contra a supremacia do papado, pretendendo a cobrança de imposto do clero francês, fato a que o papa Bonifácio VIII se opôs com veemência. Em seguida, o rei Filipe ordenou a prisão do bispo de Painiers e o papa ameaçou o rei de excomunhão.

Em 1303, Filipe enviou um grupo armado ao palácio de Anagni em Florença e deteve o papa como prisioneiro por três dias. A burguesia de Florença reagiu indignada e libertou o papa, o qual retornou a Roma e faleceu trinta dias depois.

Foi eleito pela cúria romana o papa Bento IX, que manteve uma atitude enérgica contra Filipe, mas morreu misteriosamente por ter comido figos envenenados. Muitas pessoas foram acusadas desse fato, inclusive Filipe, mas ninguém foi condenado.

Na escolha do novo papa, o Colégio de Cardeais reunido em Perusa dividiu-se em dois grupos, um a favor e outro contra a França. No final, Bertrand de Gouth, levado pela ambição, submeteu-se a Filipe e contra a vontade dos cardeais permaneceu na França, foi coroado como Clemente V e se estabeleceu em Avignon.

A situação econômica da França estava crítica. O rei Filipe devia muito dinheiro aos Templários e decide espalhar várias calúnias a respeito deles, até que em setembro de 1307 decreta a prisão de todos os Templários em seu reino, assim como o embargo de todos os seus bens.

Alguns autores questionam a passividade dos Templários que se deixaram prender com facilidade, embora tivessem uma grande superioridade numérica e técnica sobre as forças do rei.

Segundo outros autores, os Templários juravam lutar contra inimigos da fé que eram de outra raça. A regra proibia combater cristãos e somente podiam reagir quando atacados por três vezes e, no caso de conflito, a ordem de lutar teria de vir diretamente do Mestre do Templo. Como este estava preso, limitaram-se a cumprir a regra.

Como o papa era omisso, o rei Filipe envolveu a Santa Inquisição por meio de Guilherme de Paris, inquisidor da fé e confessor do rei.

O objetivo era julgar os Templários individualmente, inclusive mediante tortura, para que, quando o papa resolvesse interferir, o julgamento contra a Ordem já estivesse concluído.

Estas foram as acusações contra os Templários:

• Na iniciação, renegavam Cristo, a Virgem Maria e todos os santos.

• Cuspiam na Cruz.

• Não acreditavam nos sacramentos da Igreja.

• Os padres da Ordem omitiam as palavras da consagração na missa.

• Acreditavam que o Mestre do Templo, Visitadores e os Preceptores ainda leigos tinham o poder de absolver os pecados.

• Praticavam a sodomia entre si.

• Na iniciação, recebiam beijos na boca, no umbigo, no ventre nu, no ânus e na espinha dorsal.

• Tinham ídolos de diversas formas de cabeças, incluindo as caveiras humanas.

Respeitando a vontade de Filipe, a Inquisição foi extremamente violenta com os Templários, torturando-os e queimando-os mesmo antes de serem interrogados.

Em 3 de março de 1314, o Mestre do Templo Jacques de Molay compareceu ao átrio de Notre Dame em Paris para ouvir a sentença que o condenaria à prisão perpétua. Indignado, toma a palavra justificando-se das confissões obtidas sob tortura e declarando que a regra do Templo era justa, católica e santa. Foi acompanhado nessa atitude por Geoffroy de Charnay.

Diante da coragem e rebeldia contra o rei e a Inquisição, as autoridades os condenaram à fogueira nessa mesma tarde.

Diante da fogueira, Jacques de Molay despiu-se de suas vestes de Mestre do Templo, ficando nu em uma demonstração que era o ser humano que seria queimado e não o Mestre da Ordem.

Foi relatado que em suas últimas palavras estabeleceu um prazo de 45 dias para o papa e um ano para o rei comparecerem diante do Tribunal de Deus.

O interessante é que em 20 de abril de 1314 o papa Clemente V morria vítima de uma infecção intestinal. No mesmo ano, em 29 de novembro, o rei Filipe, o Belo, morreu em virtude de uma queda do cavalo.

Também Nogaret, assessor do rei que dirigiu o processo contra a Ordem, morreu no mesmo ano com quatro delatores que participaram ativamente do processo.

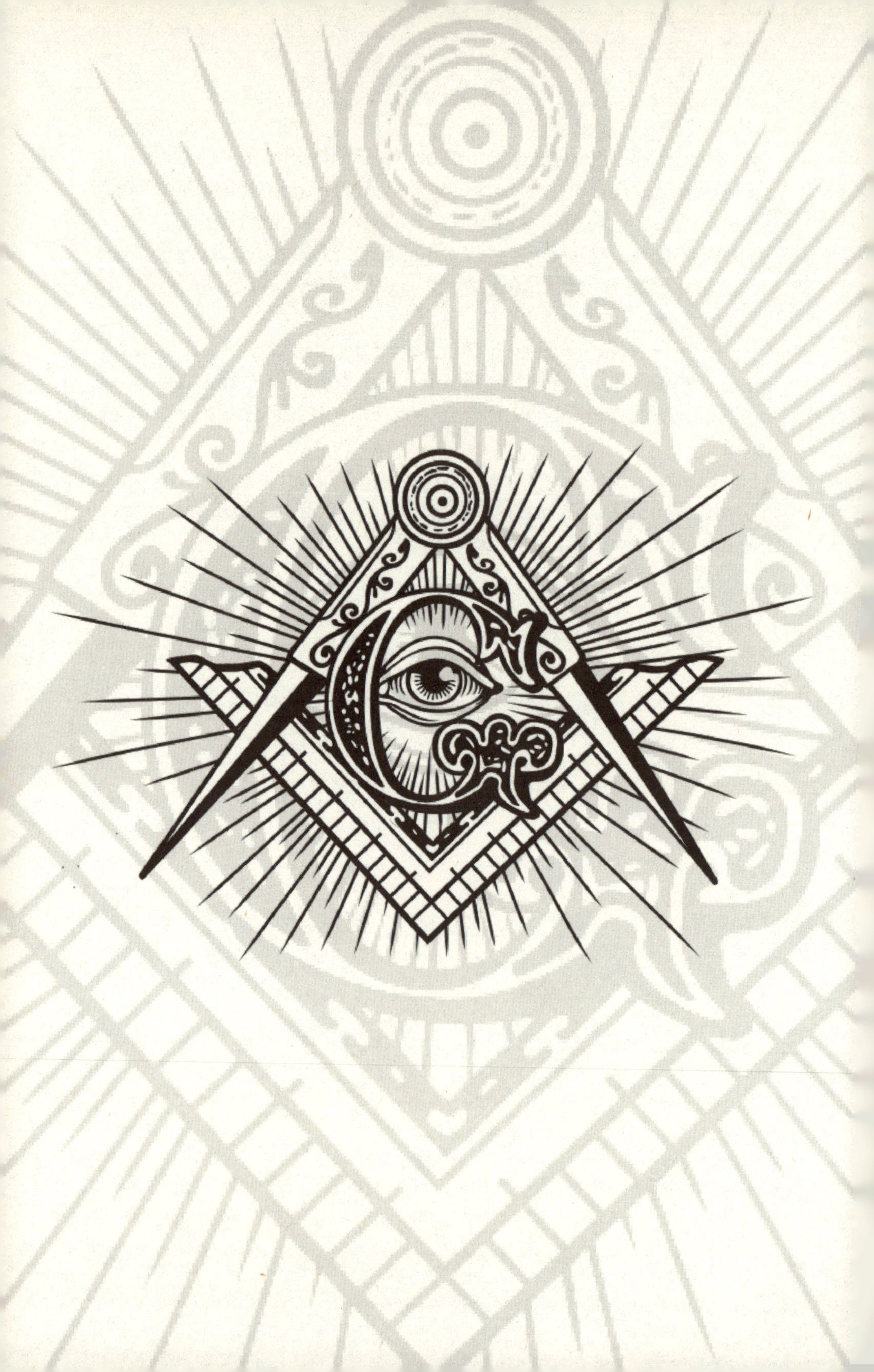

Os Templários em Portugal

Um fato incomum foi a generosidade de nobres e monarcas portugueses para com os Templários, antes mesmo da aceitação da Ordem.

Em 1126, a rainha dona Tereza, mãe de dom Afonso Henriques, ofereceu a vila de Fonte Arcada perto de Penafiel, além de quintas e solares ofertados por outros proprietários.

Na Fonte Arcada, os Templários instalaram sua primeira sede em Portugal. Dois anos mais tarde, eles mudaram de local e se instalaram no castelo de Soube, que também foi doado por dona Tereza. Esse castelo ficava na confluência dos rios Arunca, Anços e Arão, todos afluentes do Rio Mondego.

A nobreza portuguesa continuou ofertando aos Templários quintas e herdades que contribuíram para o enriquecimento da Ordem e geraram fontes de receita.

Já dom Afonso Henriques e seus sucessores faziam doações em fortificações localizadas em zonas estratégicas. Os reis reconheciam o poder militar dos Templários na defesa contra os ataques dos muçulmanos ou castelhanos.

Porém, os Templários não exerceram apenas as funções defensivas. Nas batalhas da reconquista, os reis de Portugal contaram com soldados da Ordem do Templo. No cerco de Lisboa, quando os muçulmanos tentaram romper as linhas cristãs, foram os Templários que lutaram para repelir o inimigo.

Ao examinarmos a quantidade de propriedades dos Templários em Portugal, podemos observar a distribuição estratégica das instalações militares e verificamos que Portugal foi um dos primeiros locais onde eles se estabeleceram; além de tudo, existiam ótimas relações entre a Coroa e a Ordem do Templo.

Talvez a mais importante doação de dom Afonso I à Ordem do Templo foi o território de Nabância, onde surgiu Tomar, a mais importante cidade templária.

Em outubro de 1307, como já vimos anteriormente, o rei da França Filipe, o Belo, com a conivência do papa Clemente V, iniciou o processo de extinção dos Templários. A maioria dos monarcas europeus obedeceu às ordens do papa, mas o rei português dom Dinis exigiu em troca a autorização para criar uma nova Ordem militar religiosa, denominada de Militar Ordem de Nosso Senhor Jesus Cristo. O papa acabou aceitando.

O rei não perdeu tempo, transferiu os bens dos Templários para a nova Ordem, evitando que fossem para o Vaticano. Ao mesmo tempo, integrou os Cavaleiros da Ordem do Templo que desejassem ingressar na Ordem de Cristo, permitindo que escapassem da perseguição movida contra eles.

Essas medidas fizeram com que a cultura e a capacidade militar dos Templários ficassem protegidas por uma nova denominação. Dessa maneira, a Ordem de Cristo foi a herdeira direta tanto dos bens como dos conhecimentos da Ordem do Templo.

Portugal acabou se tornando um refúgio para os Cavaleiros de toda a Europa. De vários países chegavam fugitivos e o convento de Tomar recebia todos os segredos que a Inquisição não conseguira arrancar.

Em 1319, o novo papa João XXII reconheceu a Ordem de Cristo, quando teve início uma nova era para os Cavaleiros.

De início, os Cavaleiros da Ordem de Cristo estabeleceram estaleiros em Lisboa dedicando-se à tecnologia náutica utilizando o conhecimento dos Templários adquirido no transporte de peregrinos entre a Europa e o Oriente Médio durante as Cruzadas. Eles também se preparavam para voltar à luta, contornando a África por mar para expulsar os mouros do comércio de especiarias.

Quando o infante dom Henrique assumiu o cargo de Grão-Mestre da Ordem de Cristo, já haviam se passado cem anos da condenação dos Templários. Na época o Vaticano estava preocupado com a pressão muçulmana sobre a Europa e dom Henrique, sabendo da situação, conseguiu do papa um aval para um projeto expansionista. Dessa maneira, cada avanço para o Sul ou Oeste é seguido de negociações de novos direitos. Em um século, os papas que se sucederam emitiram 11 bulas favorecendo a Ordem com monopólios de navegação para a África, posse de terras e isenção de impostos eclesiásticos.

O sucesso atraiu a competição da Espanha, velha adversária que também fazia política no Vaticano para minimizar os privilégios da Ordem de Cristo.

Com a descoberta por Colombo da América, o papa Alexandre VI, que era espanhol, reconheceu o direito dos espanhóis sobre a descoberta de Colombo, mesmo com as reclamações de dom João II de que as novas terras pertenciam a Portugal.

Com a situação se complicando por uma ameaça de guerra entre os dois países, foi proposta uma negociação entre os dois países para dividir o Novo Mundo: o célebre Tratado das Tordesilhas.

Portugal enviou os melhores cartógrafos e navegadores da Ordem de Cristo comandados por Duarte Pacheco Pereira. Em razão da grande experiência e conhecimentos da Ordem de Cristo, Portugal saiu-se bem no acordo e o limite acabou incluindo o Brasil para os portugueses.

A linha do Tratado de Tordesilhas do Polo Norte ao Polo Sul passava a 370 léguas a oeste das Ilhas de Cabo Verde, a esquerda era da Espanha e a direita de Portugal.

Na verdade, os portugueses sabiam muito mais a respeito das terras situadas a oeste do que reconheciam publicamente. O continente sul-americano não foi descoberto por acaso, os navegadores da Ordem de Cristo já haviam estado em suas terras antes de 1500.

Em 8 de março de 1500, um domingo em Lisboa, ao término da missa campal, o rei dom Manuel I sobe ao cais da Torre de Belém e entrega a Pedro Álvares Cabral a bandeira da Ordem de Cristo, que o capitão deveria içar na nave principal da frota que partiria com destino à Índia.

Era uma grande esquadra constituída por 13 navios e 1.500 homens. Sua missão era criar uma feitoria na Índia e no caminho tomar posse de uma terra já conhecida, que receberia futuramente o nome de Brasil.

Os navegadores portugueses levavam a Cruz de Ordem de Cristo em suas velas. A expansão das conquistas portuguesas não foi ocasional, algo realizado por aventureiros à procura de novas rotas marítimas para enriquecerem a qualquer custo. Em suas descobertas não existiu a aniquilação de povos, religiões e culturas, como a dos astecas no México, dos incas no Peru e dos guanches nas Canárias.

Embora a expansão não tenha sido sempre pacífica, obedeceu a princípios cristãos de respeito aos povos conquistados.

No século XVI, Portugal obteve suas riquezas por meio do comércio de especiarias, no qual trocavam as mercadorias de um continente pelas de outro.

O que a conquista do espaço sideral representa para a geração atual, a conquista dos mares pelos portugueses representou para nossos antepassados.

O mais importante de toda essa aventura maravilhosa foi a introdução da espiritualidade, fato que pode ser comprovado nos dias atuais.

As crenças antigas conviveram com as novas, o que acabou resultando em uma religiosidade pela aceitação, e não pela imposição destrutiva.

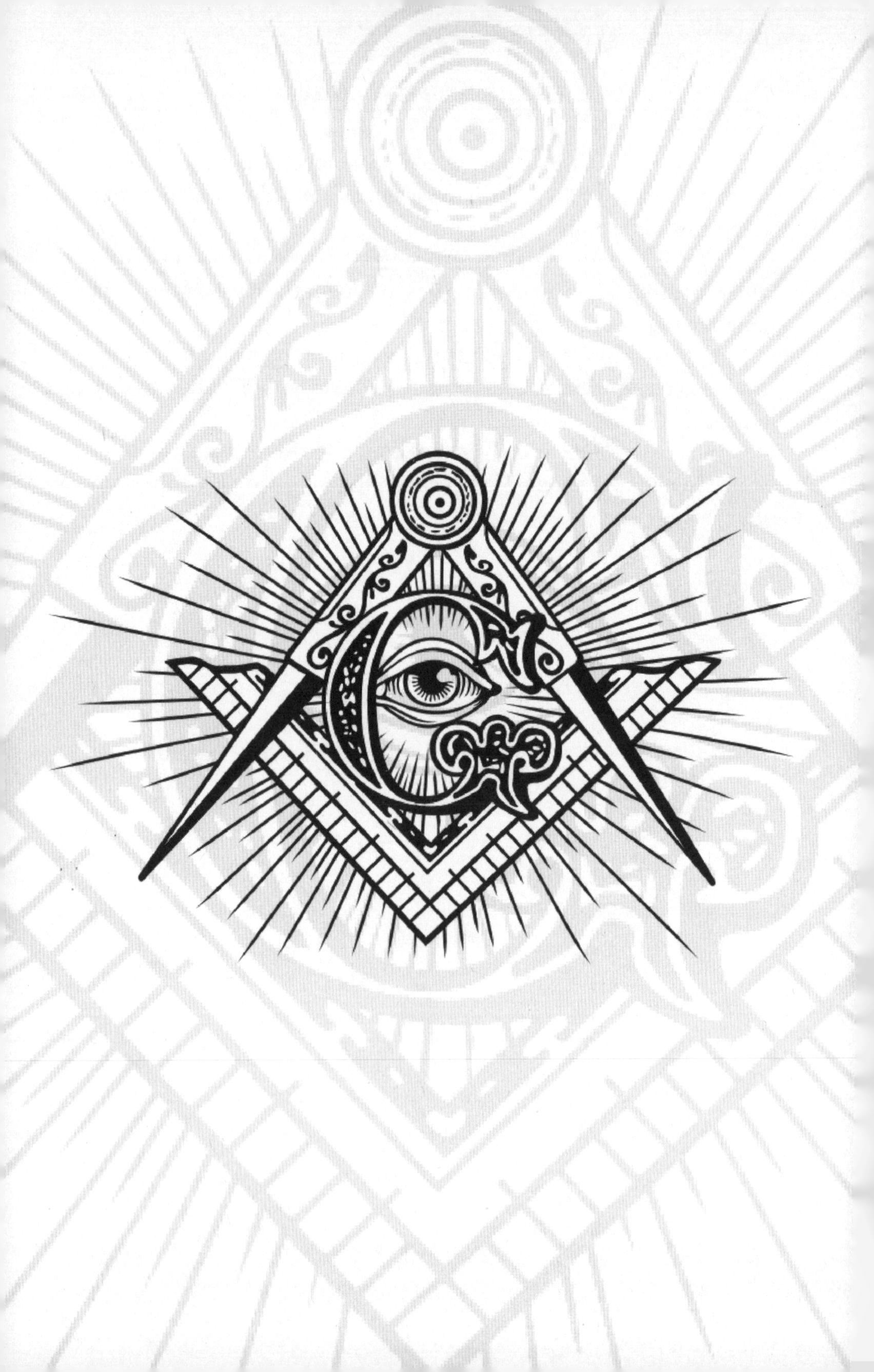

As Grandes Catedrais

As catedrais foram uma grandiosidade da Idade Média que até hoje provocam admiração em quem tem a possibilidade de as conhecer.

Elas foram magníficas obras de arquitetura onde a arte representativa da cristandade pôde exprimir toda a sua criatividade espiritual. As catedrais não foram apenas grandes obras que desafiam o tempo, elas representam a espiritualidade da fé.

Suas concepções geométricas são impressionantes, formando uma coerência de rara beleza. Talvez desse fato tenha surgido a alegoria do Grande Arquiteto do Universo.

O pensamento católico da Idade Média foi responsável pelo desenvolvimento do ensino, fato que proporcionou um grande desenvolvimento na Europa e se estendeu a outros lugares, embora muitos afirmem erradamente como sendo a "Idade das Trevas".

Os pensadores cristãos do Ocidente consideravam que a matemática e a geometria estavam ligadas a Deus, que tudo criou, e que as catedrais eram obras com a finalidade de revelar à humanidade os segredos dos Céus. Dessa forma, consideravam que a harmonia das construções era semelhante à da música, sendo ambas responsáveis pela formação da ordem cósmica, a grande manifestação da arquitetura divina.

A proporcionalidade da geometria das catedrais é algo indescritível. Podemos destacar o coro da Catedral de São Remi, em Reims, na França, onde a Santíssima Trindade é representada pela luz das três janelas situadas nos três ápices principais.

O gosto pela precisão já era manifestado por Santo Agostinho, que considerava a arquitetura e a música como representantes da proporção matemática utilizada no Universo e que era responsável por elevar nossas mentes à contemplação da Ordem Divina.

A maravilhosa utilização da luz por meio dos vitrais das janelas das catedrais góticas nos mostra a importância da iluminação divina elevando o pensamento para Cristo, "A luz do mundo".

Quando os olhos dos adoradores se dirigem para os tetos das catedrais, são convidados a buscar a perfeição do mundo espiritual, onde Deus habita tudo, representando a harmonia da perfeição organizada.

O estilo gótico da Idade Média cristã representou um grande progresso técnico em que a diminuição das pressões exercidas pela abóbada fizeram com que elas pudessem atingir alturas cada vez maiores, melhorando também a acústica.

As dimensões das catedrais da Idade Média representam um marco histórico em cada cidade onde foram construídas. Elas dominam as cidades e se sobrepõem a tudo que existe, com suas imponentes torres buscando o Céu.

Em uma determinada época, em todos os países onde predominava a Igreja Católica, surgiu uma espécie de necessidade de construir catedrais, pois existia um grande desejo do povo em oferecer a Deus algo merecido. Esse fato originou inclusive uma competição entre as cidades.

O povo sentia orgulho de sua catedral, de sua grande nave, de sua alta cúpula e de seus campanários, nos quais os sinos chamavam o povo para rezar.

O povo participava das obras com enorme entusiasmo, e cidades modestas levantavam grandes catedrais.

Na realidade, elas eram um empreendimento social, como os metrôs, barragens e estradas atuais.

As doações do povo abrangiam todas as camadas sociais, inclusive as mais pobres, além da doação dos bispos, burgueses ricos e do rei. Mas alguns estudiosos afirmam que essas doações não eram suficientes, ficando a pergunta de onde viria o resto do dinheiro.

A catedral é uma enorme mensagem que emite os sinais do saber. É um grande tratado de conhecimento, se conseguirmos ler suas pedras. Porém, mesmo que saibamos ler, nunca conseguiremos decifrar totalmente seu significado, porque ela é fruto de uma mente coletiva que supera as capacidades de interpretações individuais.

As catedrais góticas representavam um resumo da fé pela linguagem da beleza.

A construção das abóbadas em ogiva apoiadas em pilares robustos possibilitavam a elevação da altura convidando os fiéis à oração rumo ao Céu.

Suas linhas arquitetônicas traduziam e elevavam a aspiração das almas por Deus.

As grandes janelas ornamentadas por belíssimos vitrais pintados derramavam uma cascata de luz sobre os devotos, instruindo o povo na Fé.

Um fato fascinante é que muitas catedrais dedicadas a nossa senhora (Notre Dame) possuíam labirintos de vários modelos e tamanhos.

Esses labirintos empregam um percurso não linear, passando por vários lugares não sequenciais.

Existem inúmeras teorias a respeito dos labirintos, algumas extremamente complexas. Uma que me agrada é que em todos os labirintos a saída é pelo mesmo caminho da entrada, sugerindo o ciclo da morte e do renascimento.

O labirinto é uma estrutura contendo passagens sinuosas em forma de ziguezague. Os mais conhecidos na Antiguidade foram no Egito e em Creta.

O labirinto egípcio situado ao lado do Lago Moeris, em frente à atual cidade de Fayum, possuía várias criptas escuras ligadas por uma complexa rede de passagens subterrâneas, possuindo 200 metros de comprimento por 170 metros de largura.

Heródoto o descreveu como uma obra superior à Grande Pirâmide, sendo considerado como uma réplica do Labirinto Celeste, onde eram introduzidas as almas dos mortos.

O labirinto cretense situado perto da cidade de Cnossos era menor, tendo sido construído pelo arquiteto Dédalo para o rei Minos prender o monstro Minotauro.

Temos também referências de outro labirinto egípcio situado a sudoeste do mesmo Lago Moeris, construído por volta do ano 600 a.C. Ele possuía 12 palácios, cada um com 12 portas, contendo mais de 300 câmaras com sepulcros reais.

Os labirintos existiram na Índia, Pérsia e até entre os índios americanos. No começo foram criptas de iniciações, em seguida sepulcros reais e, por último, foram transformados em templos religiosos.

Existem evidências de que os labirintos de Creta e do Egito foram utilizados nos cultos do deus Serapis, segundo o imperador romano Adriano constatou ao percorrer o Egito.

Os labirintos filosoficamente simbolizam a espiral da evolução da vida durante o caminho sinuoso das ilusões que envolvem e desorientam a alma dos peregrinos, enquanto ela for meio animal, meio humana, assim como o Minotauro da lenda.

As páginas de uma catedral não são uniformes e correlativas; uma grande quantidade de mentes conhecedoras de uma parcela do saber colaborou com disciplina, amor e fé em uma obra coletiva e única.

Mesmo que passássemos toda uma vida descobrindo números, medidas, proporções, símbolos, pontos de energia cósmica e configurações místicas, nunca conseguiríamos a capacidade para ler toda a enciclopédia que ela representa.

Muitos erram ao atribuir ao Oriente a mensagem oculta das catedrais, assim como se enganam ao acreditar ser de origem ocidental. Na verdade, a catedral é uma síntese do conhecimento humano que no fundo é o mesmo tanto para o Oriente como para o Ocidente.

No resultado místico de uma catedral convergem duas forças. Uma representa a universalidade da pedra desafiando a percepção humana. A outra força é uma obra comum de muitos canteiros e mestres em muitas artes que colaboraram com suas vidas, não tendo nem a oportunidade de ver a obra terminada nem seus nomes reconhecidos, pois morreram antes do término da obra. Esse fato se assemelha aos pais que não conseguem ver o futuro de seus filhos.

Segundo vários autores, os Templários foram os responsáveis pela unidade básica do conhecimento construtivo medieval. Eles adquiriram no Oriente princípios básicos que formularam a estrutura mágica da construção, adquiridos nas confrarias islâmicas de construtores iniciados nos segredos do idioma da pedra, vindo, ao longo do tempo, das primeiras obras do Egito.

Não podemos acreditar que os Templários trouxeram do Oriente os módulos básicos da arquitetura mágica das catedrais, mas existiu sem dúvida uma influência oriental em determinados aspectos simbólicos, onde podemos encontrar marcas bizantinas e islâmicas.

Mas, por outro lado, não ficou claro de onde vieram os recursos financeiros que completariam as doações recebidas.

Não podemos acreditar que as enormes despesas financeiras necessárias à construção de uma catedral viessem da pobreza, da Igreja, da nobreza ou da Coroa, uma vez que vários reis estavam com dificuldades econômicas.

Temos de levar em consideração que uma coisa era o voto individual de pobreza que os Templários tinham de cumprir de acordo com sua regra, mas outra, não mencionada em seus estatutos, a necessidade de a Ordem ser pobre como comunidade representativa.

A verdade, como já foi dito, é que pouco tempo após sua aprovação os bens dos Templários já eram consideráveis e os donativos chegavam de todas as partes. Nessa mesma época eles já possuíam cerca de um terço da parte urbana de Paris. Também muitos cavaleiros que entravam na Ordem doavam como dote seus bens.

Além desses recursos, que constituíam a base de sua enorme fortuna, eles exerceram funções bancárias.

Embora existam muitas divergências com relação a esse assunto, devemos levar em consideração que o primeiro templo cristão com características góticas foi a abadia de St. Denis, construída pelo abade Suger, amigo íntimo de Bernardo de Claraval, o grande promotor dos Templários. Nessa mesma época os Cavaleiros Templários já estavam estabelecidos na França e em toda a Europa.

A partir da experiência de St. Denis, surge primeiro na França e a seguir no resto do Ocidente uma quantidade crescente de templos e catedrais sempre destinados ao povo.

Não podemos esquecer que o auge das catedrais e dos grandes templos populares coincide cronologicamente com as datas de fundação e expansão da Ordem do templo.

De acordo com grande parte dos autores maçônicos, os construtores de catedrais deram origem à Maçonaria Operativa por meio das corporações de ofício.

Em meu livro *Abrindo uma Loja Maçônica*,* fiz um relato mais abrangente da arquitetura das catedrais. Acredito que a inclusão de parte desse estudo seria interessante para o leitor ter uma melhor compreensão do assunto. Dessa forma, vamos descrever os termos arquitetônicos que fazem parte de uma catedral.

NÁRTEX

Este termo arquitetônico se refere à zona de entrada de um templo e também é chamado de pronaos, átrio, vestíbulo, galilé e paraíso. Essa área geralmente ficava separada do edifício por cercas e

---
*N.E.: Obra publicada pela Madras Editora.

se relacionava com o culto aos mortos. Nas primeiras igrejas cristãs, correspondia à área de entrada do Ocidente (Oeste), onde os penitentes, pecadores, catecúmenos e loucos permaneciam enquanto não eram admitidos ao Templo.

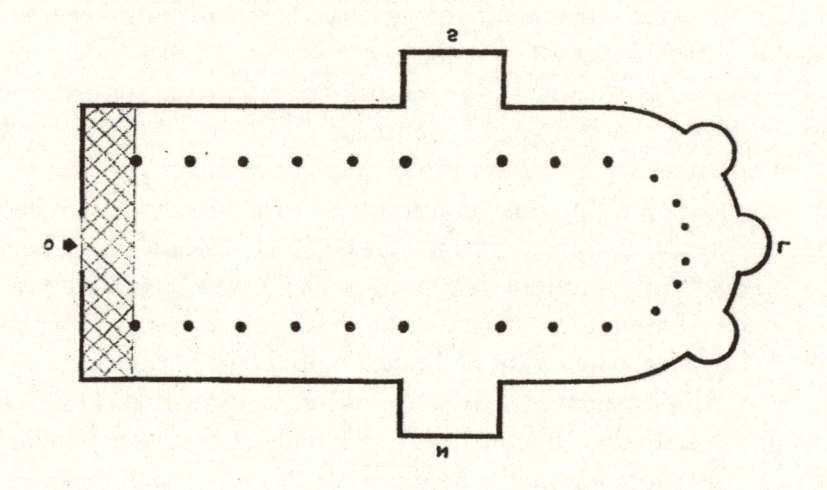

NAVE

Este termo arquitetônico é originário do latim *navis* e do grego *nâos*, e se refere ao espaço central onde se localizam os fiéis para assistirem ao serviço religioso.

Em geral a nave corresponde ao eixo ocidental, indo do átrio da entrada principal (nártex) ao coro onde os clérigos realizam as celebrações.

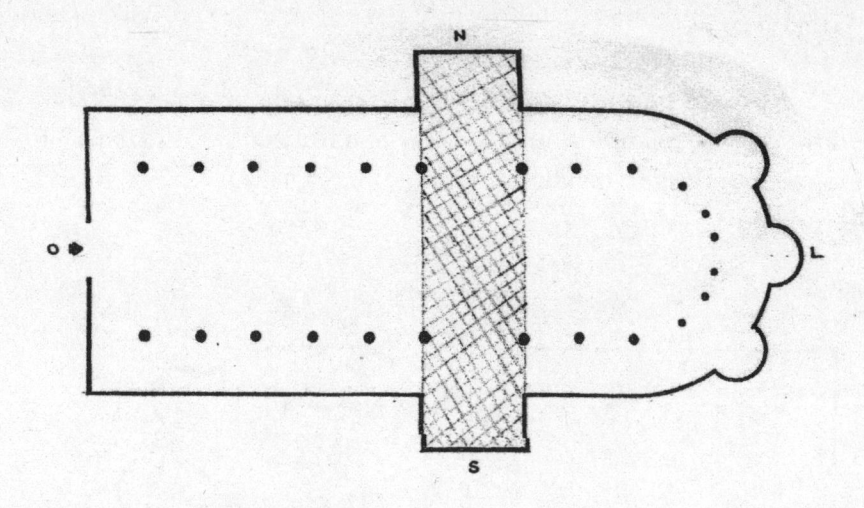

TRANSEPTO

É a parte do edifício que cruza perpendicularmente de norte a sul, perto do coro, produzindo uma planta em cruz.

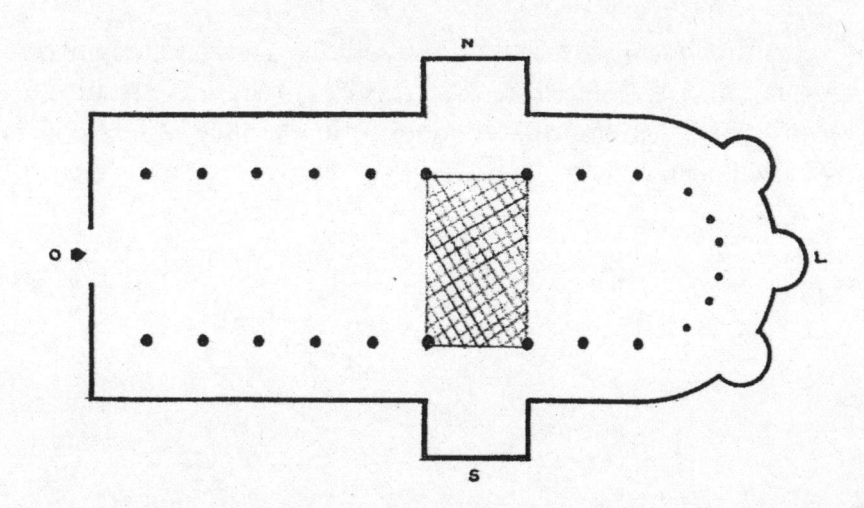

CRUZEIRO

É o espaço que se encontra na interseção da nave central com o transepto. Nos templos onde não existe o transepto, o cruzeiro é o espaço entre a nave e o altar-mor.

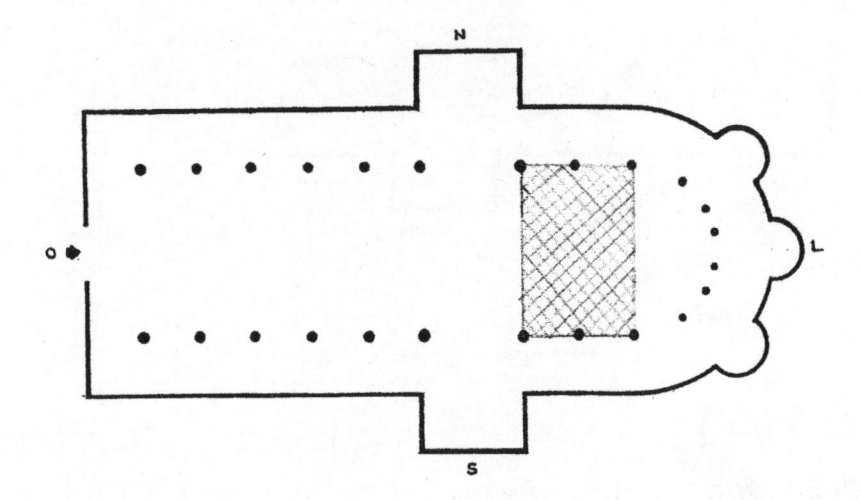

CORO

Normalmente se localiza a leste, entre a nave, o transepto, caso possua um, e a abside. Esse espaço pode ser ladeado por uma ala de procissões denominada deambulatório, de onde os fiéis podem visualizar o altar.

ABSIDE

Consiste em uma ala que se projeta para fora de forma semicilíndrica ou, em alguns casos, poliédrica, onde o remate superior é geralmente uma semicúpula, ficando na extremidade leste.

DEAMBULATÓRIO E CAPELAS RADIANTES

Trata-se de uma passagem que circula uma área central e que pode atender diversas necessidades religiosas. Essa passagem, dependendo da planta, permite a procissão dos fiéis em torno do altar-mor e também o acesso às capelas radiantes.

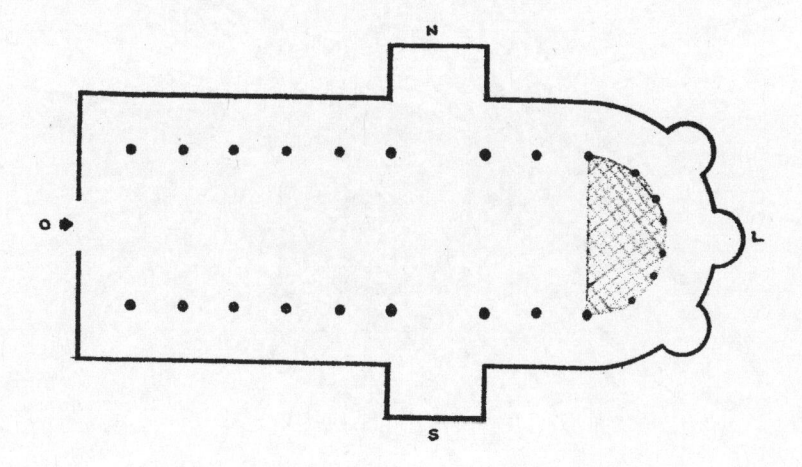

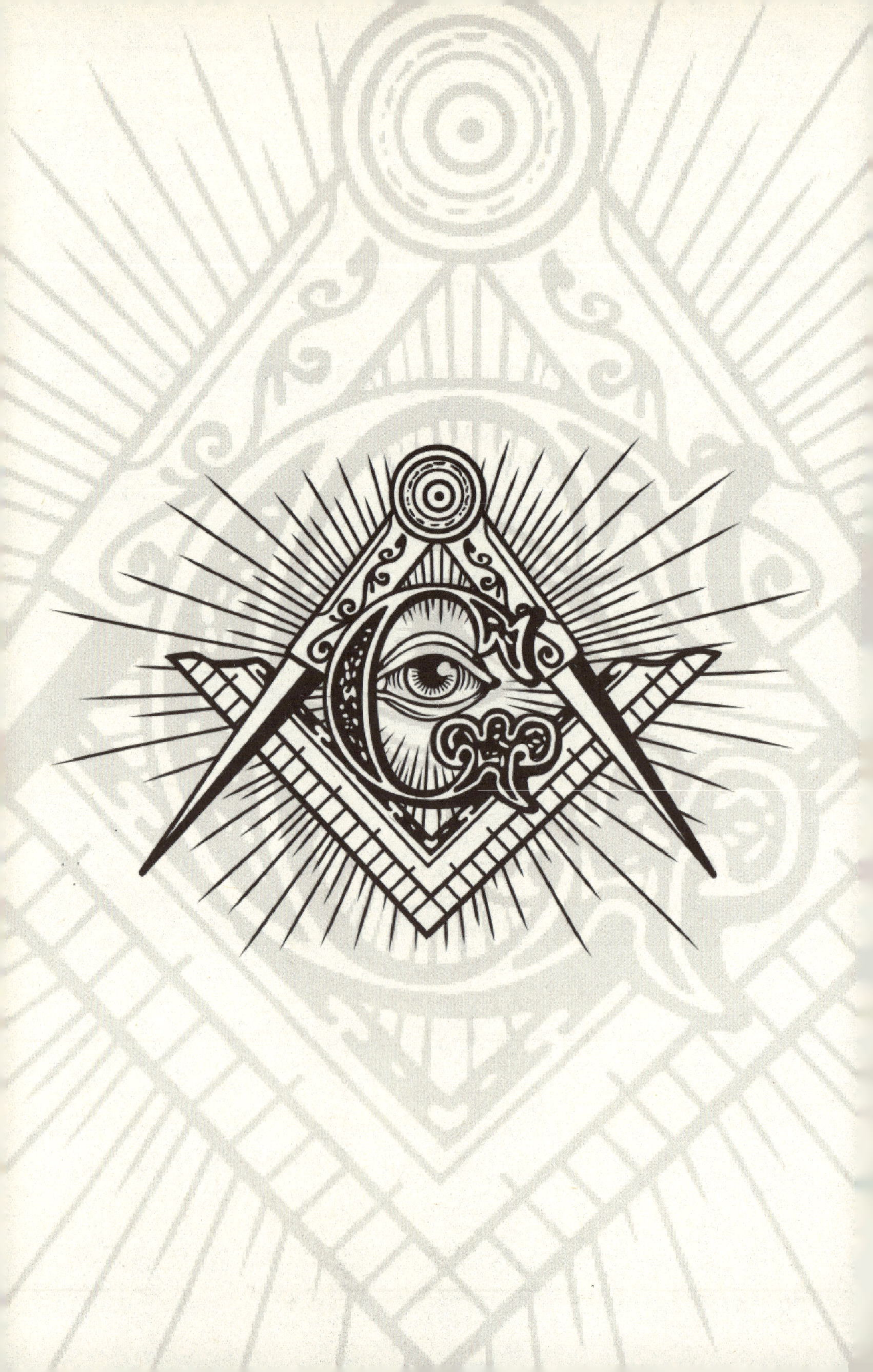

A Origem da Maçonaria

Ao que tudo indica, a Maçonaria teve sua origem nas associações de pedreiros livres da Idade Média, os construtores das Grandes Catedrais.

Esses profissionais mantinham grandes segredos relativos à arquitetura, possuíam uma hierarquia e chamavam-se de Irmãos entre si.

Na convivência diária, realizavam suas refeições em conjunto, mantinham ritos tradicionais e promoviam uma união entre seus membros, procurando estabelecer uma ajuda mútua em todos os sentidos.

Normalmente se reuniam em galpões ao lado das construções, onde mantinham seus segredos livres da especulação alheia, assim como ferramentas e plantas destinadas às obras, além de servirem de alojamento.

Essas instalações ao lado das obras eram chamadas de oficinas ou lojas, termos usados pelos maçons nos dias de hoje.

O termo maçom ou mação vem do inglês *mason* e do francês *maçon*, que significa pedreiro.

Com o tempo, essas organizações foram chamadas de guildas e seus membros, de pedreiros livres (*franc-maçon* ou *free mason*), pois necessitavam mover-se para além das fronteiras dos feudos para a construção de estradas e outras obras. Os demais membros do povo não possuíam o direito de ir e vir.

O interessante é que, além das guildas na Inglaterra, existiam instituições semelhantes denominadas *compagnonnage* na França, *Seteinmetsen* na Alemanha, e outras espalhadas pela Europa.

Esse fato gera um mistério no que diz respeito à existência de associações similares em uma mesma época em diversos locais do território europeu, praticando rituais semelhantes, como se todos viessem de uma mesma fonte.

Talvez esse fato tenha influenciado alguns autores apaixonados pelo tema a escreverem sobre a Maçonaria como se ela tivesse existido na Atlântida, no Egito, na Mesopotâmia, chegando alguns ao período do Dilúvio e até ao princípio do mundo com Adão.

Após o declínio do Império Romano, os nobres romanos saíram das antigas cidades levando os camponeses para proteção mútua. Ao se fixarem em novas terras, os nobres necessitavam de castelos e fortificações, surgindo os construtores herdeiros das técnicas gregas e romanas da construção civil.

Nessa época, a Igreja Católica Apostólica Romana encontra o ambiente ideal para seu progresso. Ela se tornou talvez a maior proprietária feudal por meio da construção de mosteiros que elevaram sua estrutura.

No interior de suas propriedades que se transformaram em feudos, a Igreja mantém o poder político, econômico, cultural e científico da época.

A partir de 1140, começaram a ser construídas as grandes catedrais, que necessitavam para a sua construção de um conhecimento muito acima do que existia na época.

Por outro lado, essas construções necessitavam de um número enorme de profissionais com conhecimentos avançados e de recursos financeiros.

Tais necessidades foram supridas pelos Templários que, segundo vários autores, colaboraram de várias maneiras na formação das corporações de ofício que deram origem à Maçonaria.

Também com relação a documentos antigos sobre a Maçonaria, muitos citam o *Poema Régio* ou *Manuscrito de Hallywell* como o mais antigo.

Escrito em torno de 1390 em inglês arcaico, possui autoria desconhecida, tendo sido publicado em 1840 por James Hallywell, que foi quem o descobriu.

Mas outros autores classificam a Carta de Bolonha redigida em 1248 em latim como sendo 142 anos anterior ao *Poema Régio*.

De acordo com dados históricos, o prefeito da cidade de Bolonha na Itália, procurando ordenar as atividades das corporações de ofício, elaborou um documento denominado "Statuta Ordinamenta Societatis Magistrorum Tapia et Lignamis".

A carta de Bolonha em seus 61 artigos regulamentava a atividade dos Mestres Maçons e dos Mestres Carpinteiros que na época pertenciam à mesma guilda. Ela conferia à corporação direitos e privilégios sobre salários, preços, monopólios, socorro mútuo e práticas religiosas.

Ao que tudo indica, a carta de Bolonha é o mais antigo documento sobre a Maçonaria Operativa, embora seja pouco difundida e até ignorada pelo empenho de alguns autores em ressaltar as origens inglesas da Maçonaria.

Porém, tanto a carta de Bolonha com seus 61 artigos como o poema Régio com seus 794 versos possuem um propósito semelhante de regulamentar a conduta profissional, social e religiosa de seus membros.

A Ordem do Templo não foi a fundadora da Maçonaria, e sim a inspiradora dos princípios fundamentais adotados ao longo do tempo, que proporcionaram a solidificação do conhecimento e da espiritualidade.

Não podemos deixar de imaginar que no passado, em grandes obras, principalmente templos destinados a divindades, existiram grupos de construtores que se associaram em torno da espiritualidade desenvolvendo critérios de união e sigilo em torno das técnicas da beleza a ser transmitida. Na verdade, os conceitos do conhecimento sempre foram ocultos da visão profana, o que contribuiu para a falta de registros.

Muitos conhecimentos foram transmitidos oralmente de pai a filho, em razão do perigo causado pelas interferências externas que sem o devido cuidado e conhecimento poderiam comprometer o resultado final das realizações.

Na construção das grandes catedrais, muitos profissionais dedicaram suas vidas em obras que não veriam concluídas. Esse fato reforça a ideia da sabedoria do amor, da força da espera e da solidificação da fé responsável pela manutenção da beleza.

Nesse primeiro período, a Maçonaria é denominada de Operativa, pois seus membros eram trabalhadores de fato, utilizando todas as ferramentas que atualmente são simbólicas.

Embora exista muita especulação a respeito da Maçonaria Operativa, ela sempre se manteve isolada e cada Loja mantinha seus segredos guardados a sete chaves.

Muitos relatos encontrados em livros sobre a Maçonaria Operativa não correspondem à realidade, sendo frutos da imaginação de um assunto apaixonante.

As confrarias operativas receberam muitas influências dos Templários, tanto com relação às técnicas de construção como à espiritualização de seus membros. Dessa forma algumas referências ao Templo de Salomão encontradas na Maçonaria possivelmente vieram deles, assim como as iniciações, pois eles eram iniciados.

Na fase operativa, os membros de cada Loja viviam isolados em suas construções, não existindo o relacionamento que encontramos atualmente entre as Lojas por causa dos segredos de ofício.

Ainda no período operativo, os segredos das construções passaram a ser conhecidos, o que proporcionou maior abertura nos relacionamentos entre as Lojas.

Com o fim das grandes construções, as Lojas passaram a ter dificuldades econômicas e com o tempo a revolução industrial mudou o processo produtivo por meio de máquinas, o que inviabilizou a produção manual baseada nas guildas.

O período operativo deixou os seguintes legados:
- Aprendizagem por meio de símbolos e alegorias.
- Reconhecimento por sinais, toques e palavras.
- Uso do Livro da Lei.
- Utilização simbólica dos instrumentos de trabalho.

- Tronco de beneficência.
- Cadeia de união.
- Regulamentação da conduta moral.
- Conselho de família.
- Auxílio entre os membros.
- Reconhecimento da existência de Deus.
- As batidas das baterias.
- A expressão "tudo está justo e perfeito".

Como a Maçonaria Operativa estava em declínio financeiro, procurou relacionamentos com as classes mais abastadas, visando a novas possibilidades de trabalho. Os nobres acabaram trazendo novas pessoas de seu relacionamento, normalmente estudiosos interessados na Ordem.

Porém, o feudalismo declinou, surgiu o mercantilismo e paralelamente houve o enfraquecimento da Igreja Romana em razão da ruptura da unidade cristã provocada pela Reforma protestante. Na continuidade surge a tragédia da peste negra, que dizimou uma grande parte da Europa.

No século XVIII, tem início o Iluminismo, que enfatizou a razão e a ciência para explicar o Universo em contraposição à Fé.

Após um incêndio de grandes proporções em Londres, ocorrido em setembro de 1666, foram necessários muitos pedreiros para reconstruir a cidade nos padrões medievais.

Foram aceitas outras classes de artífices que formaram paulatinamente agremiações que mantinham os costumes dos pedreiros, assim como o reconhecimento de seus membros por meio de sinais característicos.

Essas associações sobreviveram ao tempo, não tendo de guardar os segredos das construções a sete chaves.

O método de reconhecimento da Maçonaria Operativa foi muito útil para o modelo que veio em seguida. Para eles, construir templos físicos como catedrais não era importante, o novo objetivo era construir o Templo Interior.

Com a fundação da Grande Loja de Londres em 1717 tem início, de fato, a Maçonaria Especulativa ou Maçonaria dos Aceitos.

A denominação de especulativa passou a ser dada às pessoas propensas à contemplação e à meditação. Esses aceitos normalmente não eram homens de ações profissionais ligadas à construção, e sim pessoas cultas, como médicos, naturalistas, alquimistas, historiadores, filósofos e estudiosos de toda a natureza humana.

Após a transformação de Maçonaria Operativa em Especulativa, surge no ano de 1723 a primeira Constituição Maçônica elaborada pelo reverendo James Anderson para uso da Grande Loja de Londres.

A partir dessa data, a Maçonaria adotava uma forma de organização política que se conservou até o presente momento.

Com a criação da Grande Loja de Londres, teve início o sistema obediencial, em que as Lojas são dirigidas por um Venerável escolhido por seus membros, mas a autoridade máxima é o Grão-Mestre.

Embora esse sistema tenha prevalecido, como a Maçonaria é apologista do livre pensamento, da investigação científica e da busca da verdade, com o passar do tempo Irmãos e Irmãs criaram Lojas com que seus anseios se identificassem, surgindo inclusive novas Obediências.

Alguns estudiosos maçônicos consideram que a Maçonaria Operativa era mais pura dedicando-se a uma única religião, o Catolicismo. Já outros acreditam que a transformação para Especulativa proporcionou maior possibilidade de conhecimento, pois surgiram novas fontes a ser pesquisadas.

Com relação à maior possibilidade de conhecimentos, não restam dúvidas de que a Maçonaria Especulativa contribuiu de forma significativa para que isso ocorresse, e as possibilidades se ampliaram em todos os segmentos. Temos também de levar em consideração que muitas profissões daquela época nem existem mais.

Porém, com relação à espiritualidade, acredito que os princípios sempre foram muito semelhantes, pois todo o tempo envolveram pessoas religiosas.

Talvez exista uma diferença acentuada em minha maneira de ver com relação à admissão de novos membros. Acredito que no passado existia um rigor maior na escolha de novos membros, pois existiam segredos de ofício a ser preservados. Atualmente, cada vez mais constatamos uma certa displicência na seleção de novos membros, fato que acaba trazendo sérias consequências e tem provocado a extinção ou adormecimento de Lojas em razão de desentendimentos internos provocados por pessoas que foram mal escolhidas.

Outro fato prejudicial foi a hierarquia exagerada das Potências maçônicas, que criaram cargos desnecessários, títulos, medalhas e todos os tipos de homenagens, avivando a vaidade dos pobres de espírito.

A Maçonaria que nasceu religiosa vem cada vez mais se politizando interna e externamente, perdendo o respeito, a admiração e a influência.

A cada eleição nas Potências maçônicas, a saga dos Templários é despertada em uma verdadeira guerra pelo poder. Porém, o que os descendentes atuais dos Cavaleiros do Templo não entendem é que no passado eles não lutavam entre si.

A espiritualidade não é um ato religioso que alimenta o espírito; ela é constituída de procedimentos materiais diários que fazemos em favor da Humanidade.

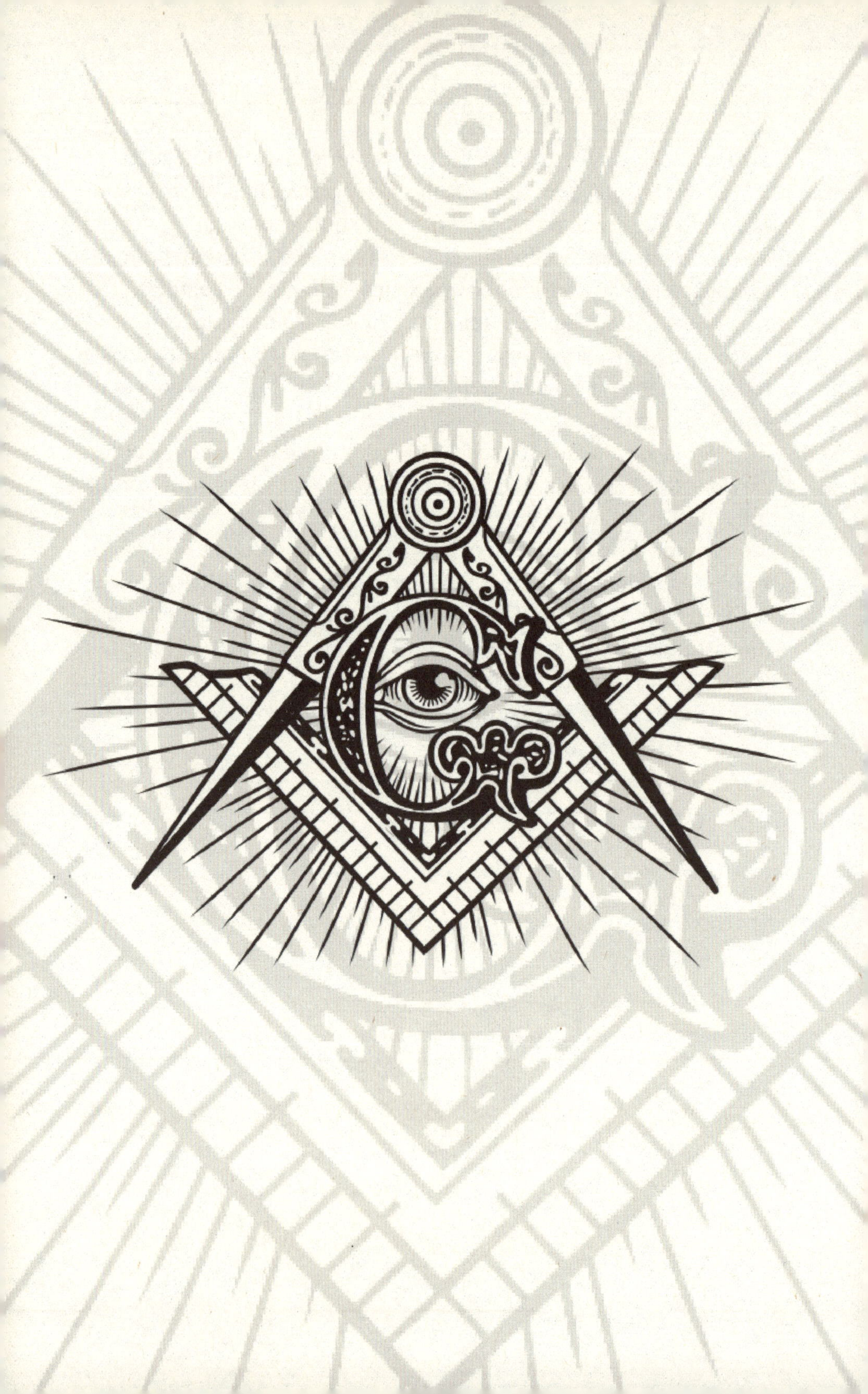

O Princípio Criador

A Maçonaria, em seus princípios fundamentais, estabelece ser formada por homens de todas as raças, credos e nacionalidades, acolhidos por iniciação e congregados em Lojas, nas quais, por métodos ou meios racionais, auxiliados por símbolos e alegorias, estudam e trabalham para a construção da Sociedade Humana.

Fundamentada no Amor Fraternal, na esperança de que com Amor a Deus, à Pátria, à Família e ao Próximo, com Tolerância, Virtude e Sabedoria, com a constante livre investigação da Verdade, com o progresso do Conhecimento Humano, das Ciências e das Artes, sob a tríade Liberdade, Igualdade e Fraternidade, dentro dos princípios da Razão e da Justiça, o mundo alcance a Felicidade Geral e a Paz Universal.

Por essas razões a Maçonaria proclama, desde sua origem, a existência de um Princípio Criador ao qual em respeito a todas as religiões denomina de Grande Arquiteto do Universo, representado também pela sigla G∴A∴D∴U∴

Como parece que tudo na Maçonaria provoca uma grande polêmica, constantemente surgem novas teorias procurando explicar o que não requer tanta explicação.

A verdade é que a Maçonaria não é uma religião; ela congrega pessoas de várias religiões e por isso proíbe expressamente toda discussão religiosa sectária em seus Templos.

Como em uma mesma Loja podem conviver pessoas de várias crenças religiosas, nada mais correto que adotar uma denominação que possa representar todas. Como a denominação ficou extensa, foi criada uma sigla para facilitar.

Por outro lado, a criação do Universo ligada a um arquiteto está relacionada aos princípios da construção simbolizados na Maçonaria.

Na abertura do Livro da Lei, que normalmente representa a religião que possui o maior número de Irmãos dentro da Loja, conseguimos entender a importância do princípio criado quando o Venerável diz: "Graças te rendemos G∴A∴D∴U∴ porque, por tua Bondade e Misericórdia, nos tem sido possível vencer as dificuldades interpostas em nosso caminho para nos reunirmos aqui, em Teu nome, e prosseguirmos em nosso labor".

Acredito que, se fosse mencionado nesse momento o nome de algum líder religioso, alguns Irmãos que não participam da mesma crença ficariam deslocados.

Dessa forma, a utilização de um princípio criador denominado Grande Arquiteto do Universo não tem trazido problemas, sendo facilmente entendido.

O fato interessante é que em vários códices de Bíblias medievais, da época das catedrais, surgem figuras com o mesmo significado de Deus como construtor do Universo ordenando o caos.

Mas podemos encontrar outras denominações semelhantes, como O Grande Geômetra, O Grande Senhor dos Mundos, etc.

Na Catedral de Toledo existe uma Bíblia flamenga do século XIV, que costuma estar aberta na página onde se encontra uma impressionante figura do Criador de forma solene diante de um Universo disforme e caótico, portando um compasso na mão direita com o qual mede e ordena a massa cósmica.

O Princípio Criador

O que deve ficar claro é que O Grande Arquiteto do Universo não é Deus, e sim um princípio criador que normalmente está presente na maioria das religiões que acreditam que Deus criou tudo.

Esse principio criador não é adorado pelos fiéis, mas sim reverenciado como o início de tudo.

A fórmula maçônica preserva a espiritualidade das religiões mantendo a Fé individual dentro de cada pessoa.

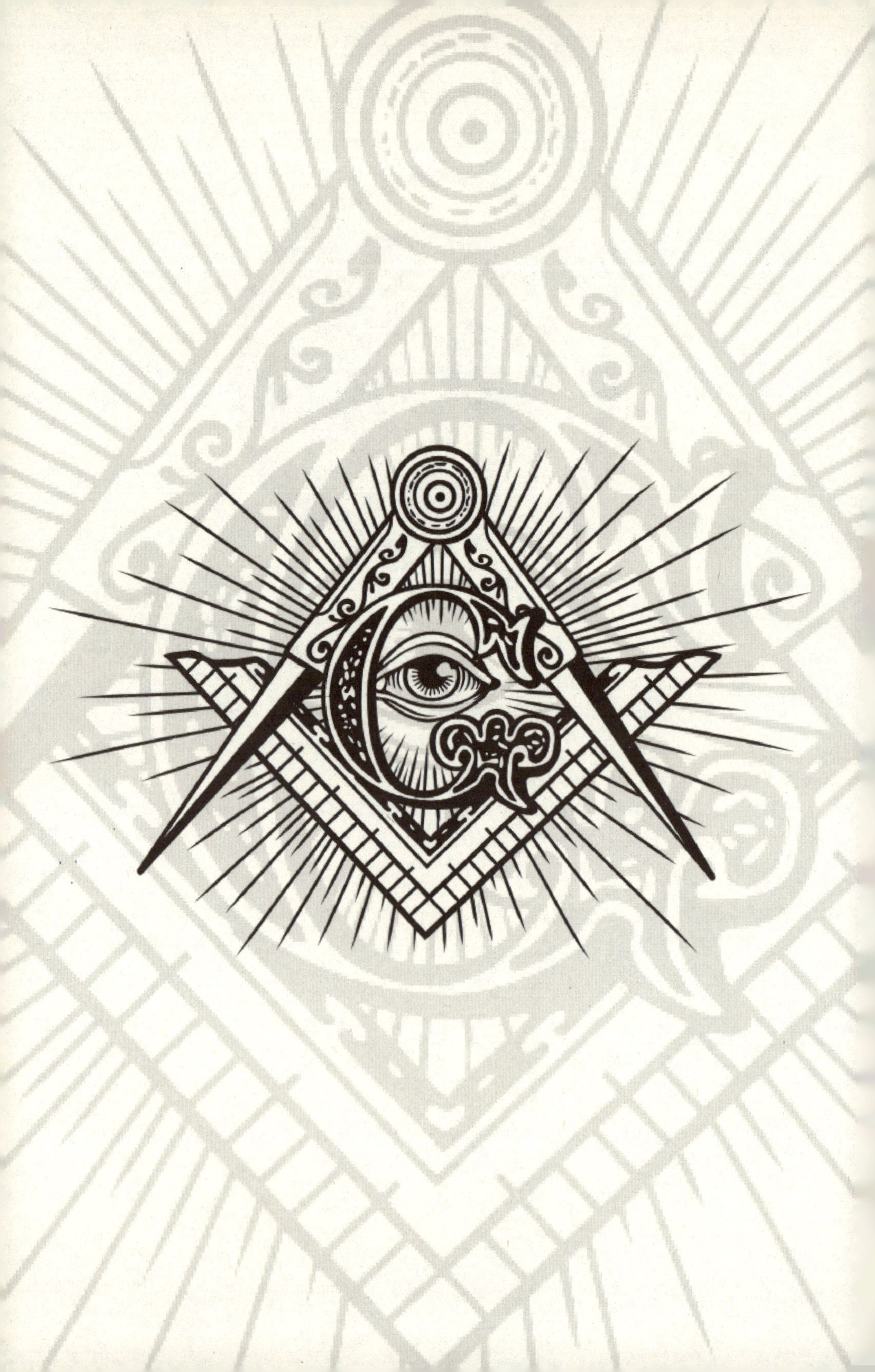

Os Conceitos de Espiritualidade

A espiritualidade está presente em todas as coisas que existem no mundo. Ela não depende de cor, sexo, nacionalidade, de poder econômico, poder político nem de religiosidade.

Podemos encontrar a espiritualidade em pequenos grupos que vivem de maneira primitiva, onde todos trabalham e dividem os frutos na mais perfeita harmonia.

Espiritualidade é entender sua própria realidade, conhecer a pequena parcela do mundo onde vive e, caso não goste, tentar mudar.

Temos de nos conhecer e nos libertarmos de nossa própria escravidão, formada pelos maus pensamentos e atitudes erradas.

Espiritualidade não é ser escravo do espírito, é libertar a matéria representada por nossa mente. Ela é a base da espiritualização por meio de suas ideias e de seus atos, que mostram ao espírito a verdadeira realidade da Alma.

A matéria é a formadora do espírito; ele apenas nos acompanha, não interfere em nada, apenas recebe o que damos a ele por meio de nossas ações.

Não é necessário olhar para o alto, tudo que existe de bom e de ruim se encontra ao seu lado. No alto, temos a verdade que poderemos alcançar através de um único caminho: o da realidade.

Não precisamos de gurus que falam às multidões, mas de amigos que nos falam olhando em nossos olhos.

Em todos os instantes de nossas vidas temos a chance de ser melhores, não por meio de promessas, rezas, velas, incenso, perfumes ou flores, mas por nossas ações verdadeiras, que surgem naturalmente quando nossa consciência está em paz.

Temos de ativar nossa consciência antes de errar, para que não tenhamos de ficar justificando o que não deveria ser feito.

Para podermos agir de maneira consciente, devemos nos livrar das cargas tóxicas do psiquismo denso e nefasto criadas pelos homens por meio de desvios inconsequentes, ilusões passageiras, desejos materiais, futilidades, vaidades e muitas outras ações negativas que em nada contribuem para o desenvolvimento humano.

Ninguém consegue elevar o espírito sem acalmar a matéria. Se não conseguir se amar, não vai conseguir amar o próximo.

Porém, temos de ajudar o próximo sem absorver seus problemas, pois, caso contrário, seremos dois a pedir ajuda.

Tudo tem sua própria forma, seus próprios limites, o que nos leva a entender que a liberdade de ideias não é fazer o que se bem entende, e sim aquilo que gostaríamos de receber.

Escutar o silêncio é algo que muitos não conseguem fazer, porém é a única maneira de ouvir os gritos da alma.

O mundo é o resultado de muitos perfumes vindos da mesma essência; tudo vem do mesmo lugar para onde irá retornar.

O que não conseguimos entender no presente, conseguiremos no futuro, pois o tempo não é importante diante da eternidade.

Tudo pode ser resolvido por meio de uma única coisa. Ela se chama Amor.

Deus fez tudo que existe usando apenas o Amor.

O Desenvolvimento Espiritual

Assim como a iniciação maçônica que representa a base da espiritualidade é recebida de maneira diferente por cada pessoa, o desenvolvimento espiritual é recebido da mesma forma. Como cada ser possui sua própria individualidade, os ensinamentos podem ser iguais, mas o entendimento é diferente.

O desenvolvimento espiritual maçônico é representado pelas reuniões semanais em Loja, onde instruções e trabalhos devem ser apresentados, e cabe a cada membro o entendimento pessoal.

Não seria nem preciso comentar, mas a presença constante faz com que as pessoas adquiram um conhecimento mais sólido.

Os trabalhos em Loja obedecem a um ritual estabelecido e podem variar de acordo com a finalidade. Dessa maneira, podemos ter seções de Aprendiz, Companheiro e Mestre, assim como Iniciações de Aprendizes, Elevações de Companheiros e Exaltações de Mestres, e vários outros tipos, como comemorações, palestras, homenagens, etc.

O que fica claro nos trabalhos maçônicos é que eles representam um desenvolvimento espiritual, como podemos verificar em seguida analisando a sequência:

• Abertura Ritualística

Nela, temos a evocação da presença de Deus por meio da abertura do Livro da Lei. Dessa forma, tudo no recinto deve ser feito em nome de Deus.

- Leitura do Balaústre

Significa a leitura da ata da secção anterior. Embora não pareça, é um fato espiritual. Revisar o que fizemos para corrigir nossos erros e buscar um novo caminho.

- Leitura do Expediente

Para que nossa espiritualidade não seja comprometida, devemos planejar a vida.

- Bolsa de Propostas e Informações

Nessa parte, qualquer Irmão pode apresentar uma proposta ou transmitir informações relevantes à Loja. A busca de novas soluções e as informações precisas nos ajudam a melhorar nossa vida.

- Ordem do Dia

A primeira coisa que Deus fez foi ordenar o caos. Com base nesse princípio, temos de planejar nossos dias e resolver da melhor maneira possível.

- Bolsa de Beneficência

A Bolsa de Beneficência para o tronco de solidariedade representa o ponto alto da espiritualidade, que é o recolhimento da contribuição financeira para auxiliar os necessitados. A Maçonaria tem por norma não divulgar publicamente suas contribuições seguindo a máxima: "Que a mão esquerda não veja o que a direita faz".

- Palavra a Bem da Ordem

Nesse segmento dos trabalhos, qualquer membro seguindo uma ordem estabelecida pode se manifestar verbalmente.

Escutar o próximo com atenção eleva o aprendizado e, como consequência, a espiritualidade.

- Encerramento Ritualístico

Temos de terminar tudo o que começamos. Como os trabalhos maçônicos têm início com o pedido de proteção a Deus, devemos no final dos trabalhos agradecer a proteção recebida.

- Cadeia de União

Essa é uma cerimônia que ocorre quando algum Irmão pede para que todos os demais rezem por algum ente querido que se encontra acamado.

Os Irmãos devem se reunir no centro do Templo, dar as mãos e orar em silêncio antes do fechamento do Livro da Lei para receber a proteção divina.

A Base da Espiritualidade Maçônica

A base da espiritualidade maçônica não poderia ser algo mais importante que a vida, e seu objetivo é o aprimoramento moral e espiritual do ser humano.

A Maçonaria, a partir do século XVIII, estabeleceu dentro de suas Lojas a tradição dos ensinamentos esotéricos ministrados nos santuários egípcios e demais santuários da Antiguidade, ministrando suas instruções por meio de símbolos e alegorias.

Assim como era feito no passado, as lições somente são ministradas àqueles que ingressam em seus Templos pela iniciação.

A decoração interna dos Templos maçônicos recebeu a influência de vários segmentos da Antiguidade contendo vestígios da várias civilizações, escolas de pensamento e religiões. Esse fato foi muito positivo pois, sendo Ela uma entidade que se propõe a estabelecer seus ensinamentos aos quatro cantos do mundo, nada mais coerente que possuir uma diversidade simbólica que facilite a compreensão.

Dessa forma, podemos encontrar nos Templos maçônicos as seguintes influências:

• Egito – Orientação do Templo, teto estrelado, Átrio, Colunas papiroformes e conceito de Trindade.

• Suméria – Pavimento de Mosaico.

- Templo de Salomão – Mar de bronze, Altar dos Perfumes e Delta Sagrado.
- Babilônia – Colunas Zodiacais.
- Grécia – Colunas Dórica, Jônica e Coríntia; Estrela de Cinco Pontas dos pitagóricos.
- Roma – Colunas toscanas e velas.
- Pérsia – Pira com o Fogo Sagrado.
- Ásia – Dossel.
- Catolicismo – Delta com o Olho da Providência (O Que Tudo Vê).
- Parlamento Inglês – Disposição dos assentos e hierarquia em que o presidente tem assento na *Great Chair* (Grande Cadeira), tendo ao lado os líderes do governo e oposição e Sala dos Passos Perdidos, que é um anexo do Parlamento.

Independentemente dos símbolos e alegorias ou da beleza e conforto dos Templos, a base da espiritualidade, tanto na Maçonaria como em todos os lugares, é o Ser Humano.

Foram os homens que, com todas as dificuldade do início do mundo, nos deixaram um legado de fé e esperança.

Essa fé e esperança, com o amor individual, são a fórmula correta da preservação da espiritualidade.

Se pudermos acrescentar algo de bom, seria ótimo, mas o que não podemos perder é o que recebemos.

Considerações Finais

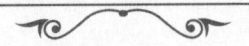

Falar sobre a espiritualidade é como falar de amor, algo muito complicado. Mas tanto o amor como a espiritualidade se encontram à disposição em todas as partes do planeta e em todos os momentos de nossas vidas.

Deus nos deu um mundo maravilhoso, uma consciência, o livre-arbítrio e uma mente que possui a capacidade de decisão. Ele não decide nada nem interfere em nada, apenas em situações terríveis para nos proteger.

Na verdade, a espiritualidade é o alimento do espírito produzido pela matéria. Ele pode ser bom ou ruim; depende de nós, e, como já foi dito, colhemos o que plantamos.

Tudo que praticamos de bom ou de ruim modifica nosso espírito e nos afeta tanto na vida atual como na futura.

Porém, existe o arrependimento em que muitos não acreditam por causa do orgulho e penam sem necessidade, pois nunca é tarde para corrigir nossos erros.

Quando falamos da espiritualidade maçônica, estamos nos referindo às coisas materiais, espirituais e religiosas que elevam nossos pensamentos e melhoram nossas ações.

Dessa forma, não adianta ter as melhores ferramentas e um grande projeto se não souber usar.

Nossa missão neste mundo é aprender e, principalmente, ensinar, pois o conhecimento não deve ser um lago de águas paradas, mas um grande rio.

Várias vezes ouvi um Irmão de Ordem se referir ao procedimento errado de outro Irmão falando que a Maçonaria é perfeita, mas é composta de seres humanos.

Esse comentário me incomoda, pois Ela foi feita por homens, não foi feita por Deus, e por essa razão não é perfeita.

A verdade é um espelho em que muitos não conseguem se ver, e por essa razão permanecem errando pelo resto de suas vidas.

A Maçonaria é uma grande escola que tem por objetivo melhorar o caráter das pessoas, para tentar tornar a humanidade feliz.

O objetivo maçônico tem por base a espiritualidade, que é a ferramenta necessária para ser utilizada em grandes obras.

Entretanto, existe outro fato importante que deve ser mencionado: os maçons se tratam por Irmãos e consideram a Ordem uma irmandade.

Porém, mesmo dentro de uma Loja maçônica, temos pessoas ruins, as quais podem ser encontradas em todos os lugares.

A realidade é que uma coisa é Irmão, outra é amigo. Um temos de aceitar, outro podemos escolher.

Resta lembrar que a maior possibilidade que Deus nos deu foi a escolha.

BIBLIOGRAFIA

ASLAN, Nicola. *Grande Dicionário Enciclopédico de Maçonaria e Simbologia*. Rio de Janeiro: Arte Nova, [s.d.].
ATIENZA, Juan G. *A Meta Secreta dos Templários*. Lisboa: Litexa, 1981.
BÍBLIA SAGRADA. São Paulo: Editora E. P. Maltese, [s.d.].
BLAVATSKY, H. P. *A Chave da Teosofia*. São Paulo: Editora Três, 1973.
_____. *As Origens do Ritual na Igreja e na Maçonaria*. São Paulo: Pensamento, 1995.
BONECHI, Monica. *Arte e História do Egito*. Itália: Editoriale Bonechi, [s.d.].
BOUCHER, Jules. *A Simbologia Maçônica*. São Paulo: Pensamento, 1979.
CAMINO, Rizzardo da. *Introdução à Maçonaria*. 2 vol. Rio de Janeiro: Aurora, [s.d.].
_____. *Iniciação Maçônica*. São Paulo: Madras Editora, 1996.
CASTELLANI, José. *Origens do Misticismo na Maçonaria*. Curitiba: Gazeta Maçônica, 1995.
CERAM, C. W. *Deuses, Túmulos e Sábios*. São Paulo: Círculo do Livro, [s.d.].
CHABOCHE, François Xavier. *Vida e Mistérios dos Números*. São Paulo: Hemus, 2000.
CHALLAYE, Felicen. *As Grandes Religiões*. São Paulo: Ibrasa,1989.
CHARLIER, René Joseph. *Pequeno Ensaio de Simbólica Maçônica*. Ribeirão Preto: Edições E. D'O, 1964.

CHEVALIER, Jean; GHEERBRANT, Alain. *Dicionário de Símbolos*. São Paulo: Pensamento, 2005.

DURVILE, Henri. *Os Mistérios da Maçonaria e das Sociedades Secretas*. São Paulo: Pensamento,1946.

_____. *Ciência Secreta*. São Paulo: Pensamento, 1995.

ELIADE, Mircea. *O Sagrado e o Profano*. São Paulo: Martins Fontes, 1992.

FIGUEIREDO, Cinira Riedel de. *Sabedoria Esotérica*. São Paulo: Pensamento, [s.d.].

FIGUEIREDO, Joaquim Gervásio. *Dicionário de Maçonaria*. São Paulo: Pensamento, [s.d.].

FLAMEL, Nicolas. *O Livro das Figuras Hieroglíficas*. São Paulo: Editora Três, 1973.

FORTUNE, Dion. *Preparação e Trabalho do Iniciado*. São Paulo: Pensamento, [s.d.].

JACQ Cristian. *A Sabedoria Viva do Antigo Egito*. Rio de Janeiro: Beltrant Brasil, [s.d.].

HEIDEL, Max. *Conceito Rosa-Cruz do Cosmos*. São Paulo: Fraternidade Rosa-Cruz, 1977.

LEADBEATER, Charles W. *A Vida Oculta da Maçonaria*. São Paulo: Pensamento,[s.d.].

LURKER, Manfred. *Dicionário de Simbologia*. São Paulo: Martins Fontes, 1997.

MEDRANO, Roberto. *Pitágoras e Seus Versos Dourados*. Câmara Brasileira do Livro, 1993.

NEVILLDRYRY, Tillet Gregori. *Portais do Ocultismo*. São Paulo: Aweti Editora, 1991.

PIOBB, P. V. *Formulários de Alta Magia*. Rio de Janeiro: Editora Francisco Alves, 1986.

REGARDIE, Israel. *Magia Hermética*. São Paulo: Madras Editora, 2003.

ROGER, Bernard. *Descobrindo a Alquimia*. São Paulo: Círculo do Livro, 1992.

SABOYA, Jackson. *Iniciação ao Esoterismo*. Rio de Janeiro: Editora Nova Era, 1999.

SANTOS, Sebastião Dodel dos. *Dicionário Ilustrado de Maçonaria*. Rio de Janeiro: Editora Essinger, !984.

SENDER, Tova. *Iniciação à Cabala*. Rio de Janeiro: Nova Era, 1998.

WOODS JR., Thomas E. *Como a Igreja Católica Construiu a Civilização Ocidental*. São Paulo: Quadrante, 2008.

OUTRAS FONTES

Manuais Maçônicos, publicados pela Grande Loja do Estado de São Paulo, 1992 – 2005.

<https://pt.catedraismedievais.blogst.com 2011> – catedrais góticas
<https://pt. Wikipedia. Org/wiki/maçonaria>.
<http://pt. Wikipedia.org/wiki/lista-de-faraós>.
<Antigoegito.org/cronologia>. – dinastias.

OBRAS DO AUTOR

A Maçonaria Simbólica, Madras Editora.

Iniciação, Elevação e Exaltação Maçônicas, Madras Editora.

MADRAS Editora

Para mais informações sobre a Madras Editora, sua história no mercado editorial e seu catálogo de títulos publicados:

Entre e cadastre-se no site:

www.madras.com.br

Para mensagens, parcerias, sugestões e dúvidas, mande-nos um e-mail:

marketing@madras.com.br

SAIBA MAIS

Saiba mais sobre nossos lançamentos, autores e eventos seguindo-nos no facebook e twitter:

@madrased

/madraseditora